雅俗之间·吉州窑
Jizhou Kiln

雅 俗 之 间
吉州窑

彭明瀚·编著

Jizhou Kiln

文物出版社

责任印制　王少华

责任编辑　张征雁

图书在版编目（CIP）数据

雅俗之间·吉州窑／彭明瀚编著．－北京：文物出版社，
2007.11
ISBN 978-7-5010-2172-7

Ⅰ．雅… Ⅱ.彭… Ⅲ.民窑－瓷器（考古）－研究－吉
安县 Ⅳ.K876.34

中国版本图书馆 CIP 数据核字（2007）第 158698 号

雅俗之间·吉州窑

彭明瀚 编著

文物出版社出版发行

（北京市东直门内北小街 2 号楼　邮编：100007）

http://www.wenwu.com

E-mail:web@wenwu.com

制版　北京文博利奥印刷有限公司

印刷　盛天行健印刷厂

经销　新华书店

开本　889×1194毫米　1/16

印张　13.5

版次　2007 年 11 月第 1 版

印次　2007 年 11 月第 1 次印刷

书号　ISBN 978-7-5010-2172-7

定价　220.00元

目 录
Contents

凡 例
Instruction

1   本书收录江西吉州窑瓷器 148 件，将其分为黑釉瓷、彩绘瓷、雕塑瓷及青釉、白釉与绿釉瓷四类进行了介绍，其中，第四类实际上包括前三者之外的素胎瓷和各种色釉瓷。

There are 148 porcelains from Jizhou kiln have been included in the book, and were introduced by divide them into four groups as black glazed porcelain, painted porcelain, porcelain sculpture and reddish brown, white and green glazed porcelains, the fourth group consist of unglazed porcelain and all kinds of color glazed porcelain except the former three groups.

2   每一类中一般按器类编排，个别情况又按装饰工艺细分，以下按时序排列。

Every group was arranged by type, only few was classified by its decoration craft in detail, and then ranked by age.

3   全书器物连续编号。

All the wares in book with series numbers.

4   器物说明的器物尺寸单位为厘米，连续描述尺寸时，中间省去单位用顿号。

The size unit is centimeter, and always replaced by slight-pause mark in continuous description.

5   器物均标明来源和收藏时间，情况不详的空缺。

Except few, the source and collection time of wares were marked.

6   某些器物的器物说明后附有相关资料信息以帮助读者对吉州窑有更深入、全面的了解。

Some detail information was given to help you making further understanding on Jizhou kiln.

7   器物说明引用他人学术成果的尽可能注明出处，书后附"吉州窑文献目录"以备相关读者检索。

I try to give chapter and verse to all the citation and the appendix of literature catalog of Jizhou kiln was apply for searching.

8   标注公元纪年均省略"公元"及"年"字。

A.D. or year was omitted in the note.

图版目录
Plates Contents

吉州窑概述

Summarization of Jizhou Kiln

吉州窑是唐宋时期一座能生产众多产品的综合性民间窑场，遗址在以今江西省吉安县永和镇为中心的赣江两岸，其中以港口所在地永和镇最为集中，也最具代表性。吉州窑以独特的黑釉木叶纹、剪纸贴花和釉下彩绘瓷独树一帜，在我国陶瓷历史上占有重要地位。

Jizhou kiln was a comprehensive civil kiln that produced lavishly in the Tang and Song Dynasties, the site located on the cross-straits of Gan River and take now Yonghe Town, Ji'an County, Jiangxi Province as the center, mostly concentrated on and represented by the port place of Yonghe Town, which have unique production of black glazed porcelain with leaf design, porcelain with paper-cut design and porcelain with underglaze brown design and occupied significant position on Chinese ceramic history.

　　江西是闻名遐迩的瓷省，景德镇则是享誉世界的瓷都。江西的陶瓷烧造工艺，历史悠久，源远流长。在距今一万多年前的新石器时代早期，万年县仙人洞和吊桶环遗址的先民们就已经烧造出了原始的粗砂陶器，这是迄今为止世界上最早的陶器之一。商周时期，吴城文化的先民在大量烧造富有地方特色的几何印纹硬陶的同时，成功创烧了原始青瓷。汉、晋时期，赣江流域的制瓷技术和工艺都有了较大提高，已能烧制成熟的青瓷器。隋唐时期，江西各地窑场林立，尤以洪州窑最为著名，被誉为全国六大青瓷名窑之一。宋代以降，更是名窑迭出，诸如景德镇窑、南丰白舍窑、赣州七里镇窑和吉安吉州窑，等等。吉州窑是宋元时期江西著名的民窑，它充分利用本地瓷土资源，博采众窑之长，形成了一个规模巨大的窑场，工匠们将传统陶瓷工艺和当地民间艺术结合起来并加以创新，形成了自己的风格，以独特的黑釉瓷和釉下彩绘瓷独树一帜，在我国陶瓷历史上占有重要地位，正如《景德镇陶录》所云："江西窑器，唐在洪州，宋出吉州"。

　　千里赣江流经万安十八滩后缓缓流入吉泰盆地，江面变宽，水流平缓，使得吉安永和镇成为"船舶大小总相宜"的天然良港。吉泰盆地发达的农业经济为手工业的发展提供了充足的粮食来源，黄金水道赣江为手工业的发展提供了便捷的水上交通，隔河相望的青原山鸡岗岭丰富的瓷土资源和附近山区充足的松柴燃料，是当地发展制瓷业取之不尽的原料、燃料资源，再加上悠久绵长的庐陵文化沃土，培育出了璀璨的吉州窑陶瓷文化。吉州窑遗址分布在以今江西省吉安县永和镇为中心的赣江两岸，其中以港口所在地永和镇最为集中，也最具代表性。由于唐宋时期习惯上以所属地州名命名窑厂，吉安自隋至元初曾称吉州，永和属吉州管辖，故称吉州窑；又自东汉至宋，在永和曾置东昌县，所以吉州窑又称东昌窑、永和窑。

　　吉州窑历史悠久，创烧于唐代，发展于北宋，极盛于南宋，入元以后逐渐衰弱。两宋时期，政府设官监烧，生产规模进一步扩大，永和镇"附而居者数千家，民物繁庶，舟车辐辏"、"百尺层楼万余家，连廒峻宇"，形成了一个六街三市的大集镇，出现"烟火数千家"、"秀民大家，陶埏者半之……窑焰竞日夜"（《东昌志》）的盛况，是全国著名的民间窑场。宋代单炜《清都观记》云：永和"镇距城十有余里，濒江带山，聚为井落，凿山火土，埏埴为器，贸易于四方。瓦砾尘埃，所在如是。"宋代周必正《辅顺庙记》云："皇朝景德中（1004～1007），瓷窑始置官吏，为永和镇，秀民大家，陶埏者半之。"据《庐陵县志》引

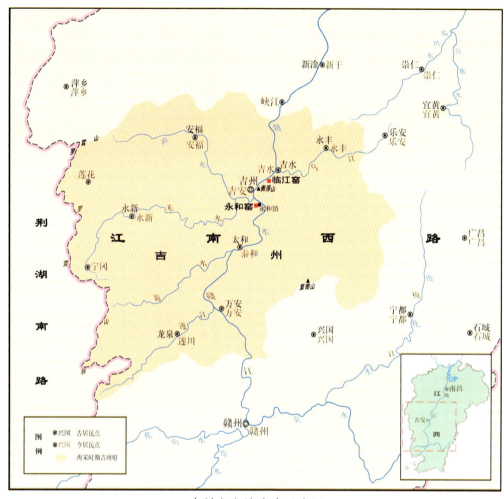

吉州窑窑址分布示意图

《青原杂记》云："欧阳𫓧杂著云，永和镇舒翁、舒娇，其器重仙佛，盛于乾道（1165～1173）间，余见元祐（1086～1094）、崇宁（1102～1106）者"[欧阳𫓧，江西庐陵县人，生于北宋靖康元年（1126），卒于南宋嘉泰二年（1202），他记述的所见所闻，应该是可信的]。元代钟彦彰在《东昌志·序》中有更明确的记载："永和名东昌……至五代时，民聚其地，耕且陶焉。由是井落墟市祠庙寺观始创。周显德（954）初，谓之高唐乡临江里瓷窑团，有团军将主之。以宋寝盛。景德中为镇市置监镇司掌瓷窑烟火公事，辟坊巷六街三市。时海宇清宁，附而居者至数千家，民物繁庶，舟车辐辏……实西南之都会也。"明代曹昭《格古要论》云："吉州窑，出今吉安府庐陵县永和镇。其色与紫定器相类，体厚而质粗，不甚值钱。宋时有五窑，书公烧者最佳。有白色，有紫色，花瓶大者数两，小者有花，又有碎器最佳。相传宋文丞相过此窑，变成玉，遂不烧焉。今其窑尚有遗迹在人家，永乐中，或掘有玉杯、盏之类，理或然也，自元至今犹然。"清初方以智在《游永和记》中描写道："因窑立镇，置监主云，估商帆集，万烟骈填。"清宣统年间编修的《窑岭曾氏族谱》云："永和东昌白唐宋末称胜地，而尤莫胜于宋。宋置大镇陶于此市，有官司纲纪税务，其器用如炉、碗、缸、

宋代本觉寺塔与古作坊保护棚

如岗似阜的窑包

宋代本觉寺龙窑遗址

缶，至今犹存。""所出陶器皆极古雅，今虽久废……而废窑则累累，然罗列其地，如山如阜如岗如陵。"

　　吉州窑不仅烧瓷历史悠久，而且生产规模颇大。如今的永和镇，仍然可见用古瓷片、匣钵和废窑砖铺砌而成的街巷古道。镇西侧除了稀疏的村落外，便是宽阔平坦的田园，在东西约2公里、南北约4公里的冲积平原上，密集地分布着尹家岭、蒋家岭、曹门岭、肖家山岭、曾家岭等24个窑包，分布面积达8平方公里以上，最大的窑包高20多米，如岗似阜。在窑岭周围，古瓷片、古窑具俯拾皆是。

窑址出土瓷碾

窑址出土瓷轴帽

窑址出土凸底匣钵与粘附在里面的乳白釉碗

窑址出土多级匣钵残片

窑址出土蘑菇状瓷拍

用匣钵铺砌的古街道

近年江西省文物考古工作者又在离永和窑不远处的赣江西岸吉安市天玉乡新发现一处吉州窑系古窑址，称"临江窑"。临江窑址分布面积1万平方米，发掘面积2400平方米，发现了作坊、陈腐池、炼泥池、釉缸、马蹄窑炉等遗迹及窑具、瓷片等文物标本1.6万余件。

临江窑作坊遗迹

民窑产品基本上都是要在市场上流通的商品，所以在制作时必须考虑消费对象和生产成本，考虑消费者的经济承受能力和审美心态，既要美观，又要经济实用，也就是通常所说的物美价廉，而且还必须让商人能从中获利。因此，吉州窑既有低档的民间日用瓷，又有高档的艺术瓷，以满足当时新兴的庶族新贵和劳苦百姓不同的需要，品种有罐、炉、瓶、盆、盘、碗、盏、杯、碟、壶、钵、粉盒、器盖、枕等20多种日用瓷和牛、羊、鸡、鸭之类陈设瓷及文玩一类高档艺术瓷，产品丰富。下面我们就从胎、釉、装饰工艺、装饰纹样等几个方面对吉州窑产品进行介绍：

胎　吉州窑瓷胎的造型，唐代矮胖雍容，宋代向挺拔俊俏方向发展，元代则变得肥硕厚重。以常见器形碗、盘、壶为例，唐末五代，以玉璧足饼底、矮圈足为主；北宋前期为

窑址出土北宋酒杯

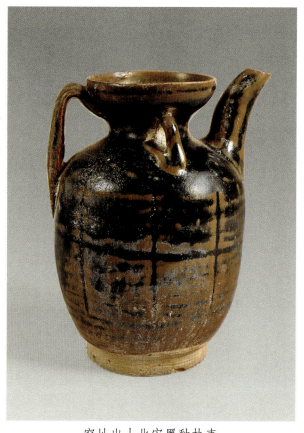

新干县出土宋代窑变釉鬲式炉

窑址出土北宋黑釉执壶

高圈足、大圈足，北宋中后期，以矮圈足居多；南宋早期演变为假圈足，南宋中期，圈足直径逐渐缩小，并在圈足外斜削一刀，再在近足处横旋一刀，形成外观似圈足的形状；元代中期以后，除黑釉盏继续保持上述形状外，其余底足又向厚壁、大圈足发展。

因吉州窑的瓷土来源于附近地区，生产作坊位于赣江岸边的沙丘上，无法避免沙粒混入瓷土中，因而胎体含沙量大，胎质都较粗松，呈米黄色，亦有红褐、砖红、灰白、青白

窑址出土五代碗（饼状实足）

窑址出土北宋碗（高圈足）

窑址出土南宋盏（假圈足）

瓷胎和陶胎，其中最具代表性的、数量最多的则是米黄色含沙胎。因胎土中含沙多，加之淘洗欠精，使得器物粗松似陶，有气孔，吸水率高，未达到高温瓷化效果，"似陶非陶"，粗看似陶，但叩击之有金属声，这是由吉州窑的生产环境所形成的个性，成为区别其他窑口的明显特征。不过，釉下彩绘瓷胎体大多数呈灰白色，用鸡岗山白土制成，淘洗精到，制作较为精良，胎质坚硬，瓷化程度高，是吉州窑最好的一类瓷胎。

吉州窑瓷器一般都较厚实，制作得也不太规整，尤其是底足，似是用模子压印后，再在圈足外壁用刀随意刮削而成，切削得很简单、粗糙，故底部与足端处有高低不平的压印痕及刮削痕，线条生硬，棱角分明，足低而厚，不成圈形。加之由于胎泥中含沙量大，修胎时往往发生阻刀、跳刀现象，在器底及圈足内能清晰地看见跳刀痕，而胎体表面留下的波浪痕经施釉后虽有所减弱，直面观察不易发现，但用手触摸仍可感觉到呈竖条形的起伏，并且在适当的角度侧视，肉眼可见竖条状的釉层挂附不匀等肌理。

现代仿品多采用淘洗好的现成瓷土在封闭的室内制作，沙粒无从混入，人为地羼沙又极难把握比例，因而胎质多坚密，不含沙，色泽偏白，不存在胎表因沙粒引起的阻刀、跳刀现象，更不存在因此而留下的竖条形起伏感和竖条状釉面挂附不匀等釉层肌理。早期仿品多系电炉烧制，坯胎易在电炉骤然高温下爆裂，因而有在瓷土中羼入少许泥浆的做法。此种仿品胎质呈深灰色，类似砾质胎，但绝无砾质坚硬，磨胎落粉，敲之无金属声，多为瓶、罐、炉之类的大件，且多见于黑釉瓷，尤以剔花最多。因胎质不适合生产彩绘瓷，故而在彩绘瓷中未见仿品。中期仿品改在瓷土中羼石膏粉或立德粉，由于材料在高温下易爆裂，所以多用低温烧成，敲之声闷，磨胎落粉，胎质虽略泛黄色，但绝无米黄色，而且时间一长，泛黄现象消失，呈色白中泛灰。此类仿品多见于彩绘瓷或半截釉黑釉窑变瓷。晚期仿品吸取以往经验，有埋入土中过蚀、在成品上涂胶过火以仿土锈制造假象者。土锈靠胶粘附，见水易溶化甚至脱落，有时只要用手指蘸点唾液涂抹于锈面就可发现手指沾有土色。高仿品有用老器底敷新胎和利用粗糙老坯重新上釉窑变两种。这类仿品凡露胎处均为老胎，极具欺骗性。识别方法是，前者可用指弹法或物敲法辨别声音，上下声音异样者为赝品。后者可观察釉与胎的结合部，老品胎釉合一，挂附自然，无掉釉或起皮现象，反之则为仿品。因老胎少，现今的高仿品多做成木叶纹、兔毫纹、玳瑁纹、虎皮纹等稀见名品，以求暴利。

釉　吉州窑由于无法改变瓷土中含沙量大的事实，形成了重釉轻胎的生产习惯，在坯

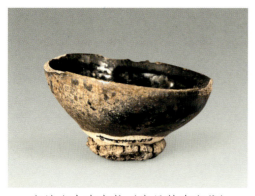

窑址出土南宋盏（底足粘有窑钱）

胎制作上较为草率，刻意追求釉色变化，博采众长，丰富多变，各地窑场主要瓷品的釉色在这里几乎都有生产，既有南方窑系流行的黑釉、黄釉、青白釉，又烧造北方窑系常见的乳白釉、褐釉、绿釉和琉璃器，以黑釉为大宗，在同时期各窑场中釉色最为丰富。各种釉色瓷器烧造的大致情况是：唐、五代主要烧造酱褐釉、青灰釉和乳白釉瓷；北宋时，酱褐、青灰釉瓷停烧，乳白釉瓷质量有了明显提高，新创黑釉瓷，并成为宋元时期瓷器的主要品种；南宋时，新创釉下彩绘瓷、酱釉瓷。

在施釉方面，吉州窑除木叶纹和剪纸贴花等工艺精致的瓷器外，一般釉层薄，器外壁施釉不及底，少见流釉现象。琢器釉层较薄，器内壁多不施釉。北宋及北宋以前，为了防止粘釉，器物均施半截釉；南宋时期，使用窑钱来保持叠烧器物之间的间隙，有效地防止了粘釉，这样器物外壁只露少许胎，即通常所说的釉不及底；南宋中后期，随着工艺水平的提高，窑钱趋薄，使得器物内外壁可施满釉，仅圈足内露胎。因釉料稀，施釉薄，黑釉瓷口沿往往显现淡淡的黄线圈，受釉面冷却速度及温差影响，几乎所有的黑釉窑变瓷的釉面在放大镜下均可看到不规则的冰裂纹和许多缺釉毛孔，显得粗糙干涩。但吉州窑瓷器一放入水中，水会迅速填满釉层表面的毛孔，使釉面浑然一体、晶莹剔透。

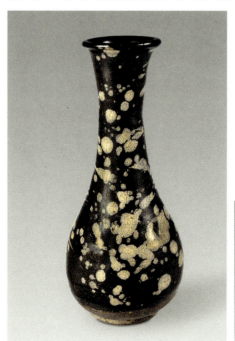

民国仿鹧鸪纹长颈瓶

老瓷使用天然矿物釉料，釉色自然古朴，加之年深岁久，多有使用磨损痕迹，即使釉色极好的出土老瓷，器表泛光亦显柔和。仿品的釉料多为化学原料勾兑，烧成后釉面光亮匀称，尽管采用酸碱除光亮法或埋入土中过蚀法，仍缺乏岁月侵蚀和使用磨损，显得扎眼。

装饰工艺　吉州窑瓷器的装饰题材广泛，形式多样，寓意丰富，在吸收北方定窑、磁州窑釉上、釉下彩绘装饰手法，借鉴南方建窑窑变釉装饰手法的同时，将陶瓷技艺与装饰工艺结合在一起，有所创新，突破了当时五大名窑单色釉的局限，运用丰富多彩的装饰技法，开启了陶瓷装饰的新纪元，釉装饰的创新和彩绘装饰手法的突破，是其装饰工艺的两大特征。所见有洒釉、彩绘、刻花、剔花、印花、剪纸贴花、木叶纹和捏塑等，尤以黑釉剪纸贴花、木叶纹、玳瑁纹和彩绘最具地方特色，在宋元陶瓷装饰工艺中独树一帜。木叶纹工艺用于黑釉瓷上，仅见于碗、盏的内壁，是宋代吉州窑创新的特有装饰工艺，反映了简练、质朴的民间艺术风格。

　　釉下彩绘瓷是南宋和元代吉州窑盛誉卓著的名产，见于白釉瓷，即直接在坯胎上施铁质涂料，然后施加一层薄釉，烧成后釉面成份为三氧化二铁，呈酱褐或红褐色，因色彩在釉下，彩绘不易磨蚀，色泽莹亮，经久不变。吉州窑的釉下彩绘工艺与磁州窑一脉相承，只是不在坯胎上施化妆土，烧成釉色呈红褐色，而不是黑色，这是由于吉州窑瓷器胎色白中泛黄，如果用黑彩，胎釉反差过于强烈，显得生硬，改用褐彩，相比之下则显得自然和谐。釉下彩绘的主要器物有罐、瓶、盆、壶、炉、枕等。

窑址出土釉下彩绘壶

　　剔花是在已经施釉的器物上进行刻划，剔除釉色以显现图案，其特点是以刀代笔，像写字一样讲究笔顺，剔法可深可浅，可宽可窄，随纹样要求而变化，多用于瓶、炉、罐等器物上。主要纹样为剔花填釉折枝梅，花枝、花萼用刀剔出，花蕊部分用褐釉彩绘，刀法简练，线条流畅，形神兼备，雅趣别具。

　　印花工艺是指用刻有花纹的印模在器物胎体上压印图案，其优点是制作快捷，纹样规整，便于批量生产，可以提高工作效率，但也因缺少变化

窑址出土黑釉剔花折枝梅筒式三足炉

窑址出土褐釉剔花折枝梅长颈瓶

窑址出土绿釉印花枕

而使纹样显得呆板。这一工艺多施于乳白釉、绿釉和白釉碗、碟、盘、盏一类器物上，流行于两宋时期。

装饰纹样 器物上的装饰纹样，主要功能是用于观赏，同时也是制作技术的反映。纹样既然用于观赏，就直接体现了人们的思想意识和审美观念，是时代社会精神面貌的反映。社会稳定、经济繁荣的两宋时期，人们的思想观念、宗教信仰多元化，器物纹样装饰摆脱了传统观念的束缚，富足的生活促使普通百姓开始更多地参与美的创造，进而又影响到贵族阶层的审美情趣，世俗化、大众化和多样化的艺术题材纷纷涌现，它们直接来源于现实生活。

吉州窑是一座民窑，平民百姓是产品的最后接受者和消费者，产品以生活日用品居多，工匠们在没有固定样式限制和思想束缚的状态下创作，自然可以充分发挥其想象力与创造力。窑工们深入生活，他们亲自体验，长期积累，在创作前，往往对自己所观察到的物象在内心做了调整和制约，再按照自己的主观愿望来裁剪生活素材，满怀激情地进行创作，在平淡无奇的生活中创作出了一件件妙趣横生的作品，构筑出一个劳动者的精神世界。因而其装饰内容以正面讴歌生活为主，画面以喜庆吉祥、长命富贵和向往美满幸福的未来为主要题材，为大众所喜闻乐见。装饰纹样取材于自然界中的动、植物和人民的生产、生活内容，都是民间艺术中常见的图案，多为表现吉祥如意、幸福美满之类意愿的民风民俗写意画，如双鱼、双鸭、双凤、双蝶、跃鹿、喜鹊、并蒂莲等，或为与绘画题材相关的牡丹、折枝梅、芦草、卷草、梅竹、月梅，或为水波纹、锦地纹、弦纹、八卦纹、连弧纹一类几何纹样，题材丰富多彩，雅俗共赏，富有浓郁的社会生活气息。

画面构图简约明快，根据不同的器形需要而设计，方式灵活多变。或以二方、四方连续的多组纹样组合成精美图案，主次分明，层次清晰；或

窑址出土釉下彩绘荷花纹炉残片

新余市宋墓出土釉下彩绘牡丹花纹枕

窑址出土釉下彩绘锦纹枕残片图案

窑址出土"鹧鸪天"款枕残片

星子县宋墓出土釉下彩绘双蝶纹罐

窑址出土釉上彩绘花卉纹盏

窑址出土釉下彩绘花鸟纹长颈瓶

用简洁的手法，突出主题，疏密有致，动静结合，节奏起伏。笔法流畅犀利，线条粗犷奔放，富有韵律。

　　古代吉州窑的窑工们用普通的原料和简单的设备创造出了朴素动人的艺术品和日用品，历经宋、元两代的演变发展，集南、北各大民窑之大成，博采众窑之长，创造了丰富多彩的艺术风格，以多变的釉色、丰富的装饰、优美的造型、独特的工艺和浓郁的乡土气息独树一帜，成为民窑中的奇葩。它以淳厚质朴、含蓄秀丽的艺术风格，在我国陶瓷发展史上占有重要的地位。

Jiangxi is a well-known porcelain province of China and Jingdezhen is a world famous porcelain capital. The ceramic firing techniques have a long history in Jiangxi. The human activities can be traced back to at least hundred thousand years ago. In the early Neolithic period, inhabitants at Xianrendong and Diaotonghuan Sites of Wannian County have already fired proto-pottery, which is recognized as one of the earliest pottery in the world. During the Shang and Zhou periods, proto-celadon ware made its first appearance along with the predominant hard pottery with moulded geometric design and distinct regional characteristics. With improved technique and craftsmanship in the Han and Jin eras, celadon ware was found in the Gan River. Among many other kilns in all parts of Jiangxi province in the Sui and Tang times, the Hongzhou kiln ranked among the nation's top-six producers of celadon. Since the Song Dynasty, more and more kilns became known. To name but a few, the Jingdezhen kiln, the Baishe kiln of Nanfeng, the Qilizhen kiln of Ganzhou and the Jizhou kiln of Jizhou. Above all, by making use of the native porcelain clay, adopting better techniques from other kilns, Jizhou kiln became the famous civil kiln with mass production in Jiangxi province, the craftsmen combined with the traditional ceramic techniques and local folk art and fostered a new artistic style, especially the black glazed and underglazed painted porcelain have the unique style of all and occupied significant position on the Chinese ceramic history, just as it was said in the An Account of Pottery at Jingdezhen: "The porcelain of Jiangxi province was famous for Hongzhou kiln in the Tang Dynasty and Jizhou kiln in the Song Dynasty".

Passing through eighteen shoals in Wan'an County and flow into Jitai Basin, the Gan River become broader and gentler, made Yonghe Town of Ji'an County become a fine natural port. The flourishing agriculture economy of Jitai Basin provided plenty grain source and the fine waterway of Gan River provided convenient marine transportation for the handicraft industry, the abundant porcelain clay resources in Jigangling, Qingyuan Mountain and the unlimited firewood near the mountain area provided unexhausted raw material and fuel resources for the porcelain industry, along with the fertile field of Luling culture, the brilliant Jizhou kiln ceramic culture was urged to gestate. Jizhou kiln was a wide-ranging civil kiln that produced lavishly in the Tang and Song Dynasties, the site located on the cross-straits of Gan River and take now Yonghe Town, Ji'an County, Jiangxi Province as the center and mostly concentrated on and represented by the port located place of Yonghe Town. Because state name was used to assign kiln name in the Tang and Song Dynasties, Ji'an was named Jizhou from the Sui to early Yuan Dynasty and Yonghe Town belonged to Jizhou, as a result, the kiln had the name as Jizhou kiln, while from the Eastern Han Dynasty to the Song Dynasty, Yonghe Town belonged to Dongchang County, thus Jizhou kiln also named as Dongchang kiln and Yonghe kiln.

Jizhou kiln has a long ceramic tradition since the Tang Dynasty, which developed in the Northern Song Dynasty, was prosperous in the Southern Song Dynasty and gradually declined in the Yuan Dynasty. During the Song Dynasty, government designated officers to manage the increasing ceramic production and made the kiln become a national famous civil kiln.

In today's Yonghe Town, you can still walk through the ancient streets paved by discarded porcelain pieces and kiln bricks. Besides some small sparse villages, the west side of the town is an open field, and there are 24 kiln hills such as Yinjialing, Jiangjialing, Caomenling, Xiaojiashanling, Zengjialing etc. distributed on the alluvial plain which is 2 kilometers long from east to west and 4 kilometers long from south to north, the area above 8 square kilometers, and the biggest kiln hill is more than 20 meters in height, the ceramic shards and kiln appliances can be found everywhere.

Jizhou kiln produced not only Low-end housewares but also upscale art porcelains. The species contain 20 kinds of daily used porcelains such as jar, stove, vase, basin, dish, bowl, ewer, cup and covered box etc. and art porcelains such as the models of cow, sheep, chicken and duck etc. We will introduce the products of Jizhou kiln from different aspects such as body, glaze, decoration techniques and designs:

Body: The body figure of Jizhou ware was short and fat in the Tang Dynasty, straight and handsome in the Song Dynasty, and became thick and heavy in the Yuan Dynasty. Take the familiar vessels of bowl, dish, pot for example, round flat bottom and low foot ring were predominant in the Tang Dynasty, high and big foot ring in the early Northern Song Dynasty, low foot in the middle and later Northern Song Dynasty, recessed flat base in the early Southern Song Dynasty, the foot ring diameter contracted gradually, with a inclined cut outside wall and a horizontal whirl near wall, looks more like a foot ring in mid- Southern Song Dynasty. From the mid-Yuan Dynasty, besides the black glazed tea bowl still kept above mentioned shape, other vessels turn to thick body and big foot ring.

The workshop was located on the sand mound near the bank of Gan River and porcelain clay was collected from nearby regions, it was unavoidable that sands would get mixed into the clay, the sand contents increased sharply, which made body coarse and loose, present creamy yellow and sometimes red and brown, brick red, powder white, green and white in color, the most representative type was creamy yellow sand body. With large sand contents, the clay was not washed carefully, the vessels became coarse and loose just like pottery, have pores and with high water absorbing rate, can not get the effect of porcelain under high temperature, "looks like pottery but not real pottery", metal voice can be heard if knocked, this special character related to the production environment of Jizhou kiln and became the distinctive characteristic different from the other kilns. But for underglaze painted porcelain, the body mostly presented in powder white, the clay was collected from Jigang mountain, washed and manufactured carefully, the hard fine and tough body represent the best porcelain body of Jizhou kiln.

Generally, the porcelain of Jizhou kiln is thick, solid and irregular, the base were impressed by model, simply and arbitrarily pared by knife on the outside wall, left rugged impressed pared marks on the base and foot ring, the body is not so smooth, the edges and corners are clear, the foot ring is low and thick, and can not form a circle. Because of the big sand capacity, the knife hindering and jumping phenomenon occurred sometimes, the jumping trace can be seen clearly on the base and foot ring, although the wave trace on the body reduced after covered with glaze and can not be found easily, it still can be feel by touch and the uneven upright wave also can be seen from the appropriate angle.

Glaze: Unable to change the fact that high level of sand substance in porcelain clay, the craftsmen then paid more attention to glaze than body, they made the body coarsely while intentionally pursued the variety of glaze color, almost all kinds of color glazed species of other kilns were produced here, include the popular species from southern kilns such as black, yellow, green and white glazed porcelain and the species from northern kilns such as white, brown, green and plumbic glazed porcelain, the black glazed porcelain won the staple and the glaze color was most abundant in each kiln at that time. The fire circumstance of various glazed porcelain can be concluded as follow: In the Tang and Five Dynasties, the main products were dark brown, greenish grey and white glazed porcelain; In the Northern Song Dynasty, the dark brown and greenish grey glazed porcelain stopped to fire, the creamy white glazed porcelain increased noticeably, the black glazed porcelain began to fire and become predominant species of the Song and Yuan Dynasties; In the Southern Song underglaze Dynasty, painted porcelain and brown glazed porcelain began to fire.

For glaze covering, besides the exquisite porcelain with leaf design, applique paper-cut design, the glazed layer is generally thin, covered only outside the wall and not reaching the base, seldom seen the glaze flowing phenomenon, and no glaze inside the vessel. To prevent the wares from fusing together, the body were all half glazed during the Northern Song Dynasty; In the Southern Song, the firing supports was used to keep space between wares which availably prevented them from fusing together, thus only small part of the outside wall was unglazed, which was usually called glaze not reaching the bottom; In the middle and later Southern Song Dynasty, the firing supports tend to be thinner with the improvement of craft, besides the base and foot ring, the glaze was fully covered inside and outside the wall. Because of the thin glaze layer, the rim of black glazed porcelain usually presents a light yellow coil, the irregular crack and pores can be found under the magnifier on almost all black flambe glaze layer subjected to the glaze refrigeration speed under different temperature, the layer seems rough and dry, while the pore will filled with water quickly when put into the water, and the layer surface suddenly become smooth and translucent.

Decoration Techniques: Jizhou wares have extensive topics on decoration, diverse forms and full of implied meaning, which absorbed color paint decoration skill of Ding kiln and

Cizhou kiln in the North, drawn lessons of flambe adornment skill from the Southern Jian kiln, combined the ceramics technical skill with decoration craft, made new innovation, broken monochrome glaze limit of five famous kilns at that time, used diverse colorful adornment skill and started a new era of ceramics decoration. The innovation of glaze decoration and the breakthrough of color painted skill are two greatest characteristic of its decoration techniques, the species include splash glaze, color painted, carved design, sgraffito stamped design, applique paper-cut decoration, leaf design and knead engraved design, especially, the black glazed applique paper-cut decoration, leaf design, hawksbill speckles design and color painted with special local features created a unique new style in the Song and Yuan Dynasties. Leaf design were used in black glazed porcelain and only found in the inner wall of the bowl, which was a special adornment craft created by Jizhou kiln in the Song dynasty, reflect the simple and unpretentious style of folk art.

Underglazed color painted porcelain was the most famous product of Jizhou kiln in the Southern Song and Yuan Dynasties, which was painted iron coating on the body directly, covered with a thin glaze layer, after burning, the glaze present dark brown or red brown, the composition is iron oxide. Under the glaze, the color is not easy to eclipse, seems bright and can be kept for a long time. The underglazed color painting technique of Jizhou kiln had the same origin as that of Cizhou kiln, but did not have covered address soil on the body, the glaze presents red brown instead of black, because the porcelain of Jizhou kiln is yellow to white, the glaze contrast is too strong and appear crudeness if used with black glaze, while it seems natural and harmonious if brown glaze is used, the main species include jar, vase, basin, pot, stove and pillow etc.

The sgraffito decoration is a kind of pattern presented by carving on the glazed body, then cutting and getting rid of its glaze color, a knife is used just as brush to write, changed with the design, it was mostly used on artifacts such as bottle, censer and jar etc. The main pattern is sgraffito plum blossom design, the twig and calyx were cut out with knife, part of the pistil was painted in brown glaze, with simple cutting and free lines, present both the form and spirit, indeed with special elegant taste.

The stamped decoration is to impress design on the body by a mold which has been engraved with pattern, it is a fast manufacture with regular design, really convenient and efficient for batch production, while a little boring for absent of variety. This craft was widely accepted in the Song Dynasty and used on milky white, green and white glazed bowl, dish, and so on.

Decoration Pattern: Jizhou kiln was a civil kiln, ordinary people were the final consumers, the main products were house wares, and the craftsmen can fully exerted their imagination and creation power to make porcelain, there are no style and design restrictions. They experienced life personally and made accumulation for a long time. Before creation, they adjust and supervise their intense emotion, select living materials according to their own subjective wishes, carry on the creations full of enthusiasm, and created unusual pieces from plain life, constructed a unseen spiritual world of themselves. As a result, the decoration contents regard the positive life praising as mainstream, the pictures take pleased celebration, good luck, longevity with wealth and honor, happiness in the future as main topics, firmly connected with social common people, full of vigor and present a kind of natural, childish and direct beauty. Decoration patterns were mostly achieved from nature animals, plants and production life, are all familiar patterns in the civil art, some are paintings expressed a will for happiness and good luck such as twin fish, twin ducks, twin phoenixes, twin butterflies, jumping deer, magpie and lotus etc, some related with paintings such as peony, plum spray, reed, grass, bamboo and moon, and some are geometric designs such as water ripple design, brocade ground design, bow-string pattern, eight trigrams design and continuance arc design, they are rich and colorful, with deep flavor of social living.

Ancient craftsmen of Jizhou kiln used common materials and simple equipments to create naive and moving art object and daily necessity, experienced evolvement and development during the Song and Yuan Dynasties, they gathered achievements and advantages of all famous kilns, created rich and colorful art style to satisfy the practicality and taste of people, the variety glaze, abundant adornment, elegant shape, special craft and heavy local style made it unique of all, and occupied an important position on the development of Chinese porcelain history for its simple and beautiful art style.

吉州窑瓷器鉴赏

Appreciation of Jizhou Wares

古代吉州窑的窑工们用普通的原料和简单的设备创造出了朴素动人的艺术品和日用品，其产品有黑釉瓷、彩绘瓷、雕塑瓷及青釉、白釉、绿釉瓷等，各具特色。

Ancient craftsmen of Jizhou kiln created naive and moving art objects and daily necessities only by common materials and simple equipments, the production include black glazed porcelain, color painted porcelain, porcelain sculpture, reddish brown glazed porcelain, celadon, ivory glazed porcelain and green glazed porcelain, they are all have special characteristics.

黑釉瓷又称"天目瓷"，是吉州窑最为有名的、最具代表性的，也是产量最大、品种最丰富、装饰工艺最具地方特色的产品，创烧于北宋，盛行于南宋，并延续到元代，是顺应宋人斗茶风习而产生的。吉州窑黑釉因含铁量比其他窑口产品低，而钛、钾、钙、镁的含量相对要高，故烧成后，釉质肥厚莹润，黑色深沉柔和，仔细观察，可见黑中泛褐、泛紫、泛红，纯黑者少，釉薄处表现得更为明显。器形有罐、瓶、壶、碗、盏、碟、钵、盆、粉盒、炉等。北宋时期的碗为弇口或花口高圈足，罐、壶多作

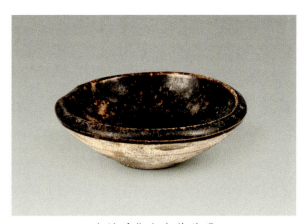

窑址采集窑变花釉碟

瓜棱腹，器底切削粗涩，施釉不及底。南宋时期的碗为敛口深腹式，多芒口，底足矮且内凹，内外满釉。元代保持了南宋时期的器类，新增镂空炉、高足杯等器种。黑釉瓷胎质较为粗松，胎色灰白或米黄。

黑釉是利用天然黑色原料，通过独特的制

作技巧而烧造的颜色釉，有时在黑地上施洒一层羼入了不同的金属原料作呈色剂的釉，在高温烧制过程中因物理化学反映，呈现出色泽不同的、不规则的黄色釉斑，产生独特的窑变结晶，釉面与釉斑交相辉映，别具风韵。名贵的有"鹧鸪纹"、"兔毫纹"、"虎皮纹"和"玳瑁纹"等，纹样变化多彩，或如云雾、细雨，或如夜空中的繁星、风雪中的芦花，或如玳瑁的甲壳，或如老虎皮的斑纹，或如青蓝紫绿的火焰，显得清新雅致，璀璨华丽。有的施之以木叶纹、剪纸贴花、剔花、彩绘等工艺，独具匠心。

玳瑁纹是指在富有韵味的黑釉中呈现出浓淡相间、黑黄等颜色交织的斑纹，如

玳瑁与玳瑁纹

窑址出土虎皮纹长颈瓶

鹧鸪鸟与鹧鸪纹

玳瑁背甲上的色调，别具特色，有鬼斧神工之妙，宋人称之为玳瑁纹，是吉州窑独有的窑变釉。这类纹样，有的在黑处混有黄褐色斑纹，有的在黄褐之中略呈红色，斑纹变化多样，了无雷同，绚烂多彩，显得艳丽高雅。

虎皮纹是指用含铁量不同的黄、褐两种釉烧成后形成的黄、绿、紫三色相间的放

窑址出土兔毫纹盏

射状花纹，因其釉面类似虎皮的斑纹而得名，虎皮纹和玳瑁纹都是吉州窑特有的窑变结晶釉装饰工艺，其区别在于色斑形状，呈块状者为玳瑁纹，呈长条状者为虎皮纹。

鹧鸪纹也是指以铁为呈色剂的结晶釉，由于铁元素在釉里的结晶，致使釉面呈现紫、蓝、粉青、黄、暗绿诸色，犹如节日夜空的礼花，五彩缤纷，因像鹧鸪鸟颈部的花纹而得名。鹧鸪纹是吉州窑独有的窑变釉，与福建建窑的"兔毫纹"并美，为时人争购，为后人珍藏。

兔毫纹是指在烧制过程中，釉中的铁元素随釉层流动冷却过程中析出赤铁矿的小结晶体，形成细长似兔毫的纹理，因状如兔毫而得名。纹样如发丝，粗看整齐划一，细看毫峰参差不齐，如丝丝银针，统一中富有变化，鹧鸪纹和兔毫纹都是在建窑影响下产生的新工艺。

鹧鸪纹、虎皮纹、玳瑁纹和兔毫纹等名目，均是以铁为呈色剂形成的窑变结晶釉，区别在于釉中着色剂含量及微量元素含量比值不同。

黑釉剔花、刻花也是吉州窑瓷器常见的装饰工艺，多施于瓶、罐类器的肩、腹部，主要纹样为剔花填釉折枝梅。

黑釉茶盏的大量烧制，与宋代盛行的饮茶文化密切相关。在两宋时期，全国各地的窑场都生产黑釉瓷，如福建的建窑、江西的吉州窑、河北的定窑等，黑釉盏是当时最为普通的一种颜色釉瓷，其中以建窑和吉州窑的产品最负盛名，建窑的"兔毫盏"、吉州窑的"鹧鸪纹器"是最为名贵的品种。中国茶文化历史悠久，从早期的食用到唐宋时期的饮用，经过佛教、道教徒和文人墨客的推动，饮茶活动蔚然成风，制茶方法日有创新，饮茶方式也随之越发讲究。在唐代，人们饮用的是煎茶，茶色尚绿，所以推崇越窑的青瓷盏和邢窑的白瓷盏。

宋代盛行饮茶、斗茶之风，茶盏也因之发生了变化。宋代饮用的茶叶是一种半发酵的"研茶"，饮用前要把干硬的茶饼碾碎、罗细。斗茶的办法是在茶盏中放一定的茶末，先注汤调匀，以沸水点注，同时用茶筅搅动，使水与茶末彼此交融，茶汤表面泛起一层白色泡沫，评比的标准是白沫持续的时间和茶汤的颜色，斗茶先斗色，茶色贵白，色越白，品越高，以清白胜黄白；其次斗水痕，如果茶末研磨细腻，且点注、击拂都恰到好处，汤花匀细，有若均匀细碎的汤花薄膜，就可以紧咬盏沿，外聚不散，称之"咬盏"，反之，汤花泛起，不能咬盏，会很快涣散，汤花一散，汤与盏相接的地方就会出现"水痕"，以水痕先退者为负，正如《茶录》所云："视其面色鲜白，着盏无水痕为绝佳。建安斗试，以水痕先者为负，耐久者为胜。"影响斗茶胜败的因素，除茶叶质量、水质、水温、点茶工艺外，还有盛茶汤的茶盏。茶盏的釉色也随之发生了重大变革，"茶色白，宜黑盏。建安所造者绀黑，纹如兔毫，其坯微厚，熁之久热难冷，最为要用。出他处者，或薄或色紫，皆不及也。其青白盏，斗试家自不用。"（宋徽宗《大观茶论》）《万舆胜览》云："茶色白，入黑盏，其痕易验。"可以说，斗茶习俗提高了茶盏的身价，直接推动了黑釉茶盏的大量生产和工艺技术的改进，使之成为具有时代特征的专用品。

在两宋时期空前浓厚的饮茶氛围中，茶艺也达到了前所未有的水平，斗茶是流行于社会上层的品茗游艺，文人雅士把饮茶品茗之道作为怡情自乐、修身养性、自身清高的雅事，与琴棋书画等艺术并列，成为宋代的生活时尚，三五好友，评古论今，海阔天空，尽情而发。在理学思潮的熏陶下，人们普遍注重人的内省功夫，通过内心的沉思，使自己的心理得到净化，庄严肃穆、澄心静虑地面壁参禅式的斗茶，正好契合了重视内省功夫的时代精神和心理素质。这种新兴的茶文化，在帝室和文人雅士的倡导下，迅速得到发展，普及到寻常百姓家。当时不仅在京城，而且在全国各地也很风行，成为民间一种喜闻乐见的文化活动，一些大、中、小城市的茶肆鳞次栉比，灯火通宵达旦，以至于"荐绅之士，韦布之流，

窑址出土宋代黑釉茶盏

沐浴膏泽，薰陶德化，咸以高雅相从事茗饮。故近岁以来，采择之精，制作之工，品第之胜，烹点之妙，莫不咸造其极。""天下之士，励志清白，竞为闲暇修索之玩，莫不碎玉锵金，啜英咀华，较筐箧之精，争鉴裁之妙，虽否士于此时，不以蓄茶为羞，可谓盛世之清尚也（宋徽宗《大观茶论·序言》）。"由于文人的参与，儒家观念进一步渗入茗饮之中，使得宋代茶道追求高雅的艺术氛围，吟诗、听琴、观画、赏花、闻香等为茶艺活动的常见项目，把茶艺推向了一个程序复杂、技巧细腻、情趣盎然、妙不可言的审美境界。茶文化从物质层面的实用性升华到精神层面的艺术性，制作考究的专门茶具也应运而生，开始讲究茶具色泽之美、造型之宜与使用之便的统一。由于受到市民生活尤其是宫廷御用的推动，茶具的产量激增，质量大幅度提高，在花色品种、装饰工艺以及瓷土配料和烧制工艺上，都有很大改进或创新，形成了千姿百态、推陈出新的局面。

建窑、吉州窑的黑釉盏正是顺应这一时代风气而出现的斗茶专用茶具，黑釉本身并无

美观可言，为了满足文人们审美的需要，窑工们着意改进这种黑釉盏的装饰工艺，以便人们在斗茶的同时，能够领略茶盏的造型和装饰之美，这时品瓷成了一种文人新风尚。瓷被人格化，品瓷不是对瓷的物理性质和化学性质的评判，也不仅是对其造型和纹样的评判，而是对其内在品格和人文精神的评判。人们不仅追求釉色之美，更追求釉质之美。吉州窑的黑釉茶盏不加刻划、压印，独特之处在于烧制过程中采用洒釉工艺形成的多变的窑变结晶斑纹以及木叶纹、剪纸贴花装饰工艺，种类繁多，变幻无穷，正好契合了当时的审美心理。宋代饮茶、斗茶的社会风尚促使吉州窑黑釉装饰别开生面，晶莹夺目的窑变结晶釉，色调明快。黑亮的茶盏内衬以淡黄色树叶，写实意味的画面中透出一股浓郁的诗意，形成画中有诗、诗中有画的意境。

从考古出土实物和传世品来看，吉州窑的黑釉盏，基本形制是大口小足，口唇较薄，略微向外卷，口沿下端内收。颈部有一道凹棱，壁斜，下狭上宽，状如漏斗或斗笠。胎体厚实凝重，器口釉薄，器腹釉渐厚，器足露胎，质地粗松，呈栗壳色。盏口有敞口和敛口之分，形体有大、小之别，小者一般口径10～12厘米，大者口径14～16厘米。茶盏造型挺拔，轻巧秀丽，上大下小，重心不稳，并不实用，是专门为斗茶而设计的。大口，可容纳更多的汤花，便于点注。器口下内凹一圈，点注时能起到标准线的作用，便于观察汤痕。胎体厚重，便于保持茶汤温度，用其沏茶，茶汤久热难冷，汤色澄明，滋味醇正，对比度强烈，黑白分明，水痕易验，便于观察、评比。正如《大观茶论》所云："盏色贵青黑，玉毫条达者为上，取其焕发茶采色也。底必差深而微宽。底深则茶直立，易以取乳。宽则运筅旋彻，不碍击拂。"

吉州窑茶盏在宋代还大量出口到国外，日本、朝鲜及东南亚一些国家都有收藏，酷爱茶道的日本人对吉州窑茶盏情有独钟，称之为"天目"，有"曜变天目"、"木叶天目"、"油滴天目"、"玳瑁天目"等雅致的称谓。

The black glazed porcelain also called "porcelain with heaven eyes" was the most well-known and representative product of Jizhou kiln, which has largest output, variety of species, mostly native character, began to fire in the Northern Song Dynasty, widely accepted in the Southern Song Dynasty, and continued firing until Yuan Dynasty to adjust the tea drinking custom of Song Dynasty. Lower iron content and higher content of potassium, calcium and magnesium than other kilns, the glaze seems fat, thick, lustrous of deep and soft black, while after carefully observation, you can rarely find pure black, and present brown, purple or red in the black and it is more obviously on the thin glaze place. The vessel types contain jar, vase, pot, bowl, powder compact, basin and stove etc. In the Northern Song Dynasty, the bowl mostly with foliate rim and high foot ring, the jar and pot with melon shaped body, the bottom sliced coarsely, the glaze not covered to bottom. In the Southern Song Dynasty, the bowl was made with contracted mouth and deep body, mostly with unglazed rim and low foot ring, the glaze was fully covered the body. In the Yuan Dynasty, species were kept as that of Southern Song Dynasty and added new species such as openwork censer and stem-cup. The body quality of black glazed porcelain is loose, present grayish white or creamy yellow.

Black glaze is a kind of color glaze made of natural blacking and fired with special manufacture techniques. Different metals were added on the black ground sometimes and various irregular yellow glaze spot and special flambe crystal then presented during physics and chemistry reflection under high temperature firing, the glaze layer and spot meeting and shining together, seems unique and charming, the famous species include "partridge feather design", "hare's fur design", "tiger fur design" and "tortoise shell spot" etc. The pattern is various and colorful, seems fresh, elegant and bright; some decorated with leaf design, applique paper-cut design, sgraffito decoration and color painting, are all special and unique.

The hawksbill speckles design presents alternation with thick and thin, black and yellow on the charming black glaze ground, just like the color of hawksbill speckles, seems harmonious and moisturized, has special feature, full of beauty and exquisite craft, Song people called it hawksbill speckles design, was the unique flambe glaze of Jizhou kiln. Some designs have brown and yellow stripes on the black glaze, some present slightly red in yellow brown, striped pattern is diverse, gorgeous, colorful and seems beautiful and elegant.

The tiger fur design is a dispersed pattern fired by yellow and brown glaze with different iron content and present alternation color of yellow, green and purple. This pattern got the name for its resemblance to the fur spot of tiger. Tiger fur design and hawksbill speckles design are all special flambe crystal decoration techniques of Jizhou kiln, the differentiation is the shape of color spot, the later with lump shape while the former with strip shape.

The partridge feather design is a crystal glaze taken iron as the coloring agent, for the chemical element of iron crystallized in it, the glaze layer presents purple, blue, green, yellow and dark green, just like fireworks in the sky of festival night, seems colorful and various, and once gain the name for its resemblance to the pattern of partridge neck. The partridge feather design flambe glaze in Jizhou kiln and achieved same fame as hare's fur design of Jian kiln, Fujian province. It was popular and widely collected at the time.

During the fire process of hare fur glaze, the chemical element of iron flow with glaze and formed stripes, litter crystal of red iron mine separated in the cooling process, form thin and long veins as hare's fur, and got the name of hare's fur; The stripes look like hair, seems tidy and uniform at first sight, like the fine silver threads needle, full of variety in the unify after carefully observed, the partridge feather design and the hare's fur glaze are all new crafts influenced by Jian kiln.

The species of partridge feather design, tiger fur design, hawksbill speckles design and hare's fur design are all crystallized flambe glaze take iron as the coloring agent, different color present content and microelement content ratio. The black glazed porcelain with sgraffito design and carved design are also familiar adornment crafts in Jizhou kiln, were mostly decorated on the shoulder and belly of the bottle or jar.

The mass-produced black glazed tea bowl closely related with the popularity of tea drinking in the Song Dynasty. The black glazed porcelain were almost produced in all kilns in the country, such as Jian kiln of Fujian province, Jizhou kiln of Jiangxi province, Ding kiln of Hebei province and became the most common color glazed porcelain. Among all, Jian kiln and Jizhou kiln took the greatest reputation, the tea bowl with hare's fur design of Jian kiln and the partridge feather design of Jizhou kiln were the most valuable species. Chinese tea culture has a long history, tea can pure people's heart and quench thirsty, can boost their noble for authorities, can cultivate moral and mental character for the monk, can assume the manners of creative art for scholar, and then, tea culture formed gradually. Among the unprecedented strong tea drinking atmosphere of Song Dynasty, tea comparing also reached unsurpassed high level, the tea comparing custom raised the prestige of tea bowl, push the mass production and craft improvement of the black glazed tea bowl directly, made it being the expert article of the time.

The tea bowl is upright, agile and beautiful, big on the top and small in the bottom, is unsteady, not practical for use, just designed for tea comparing, big mouth can contain more tea and easy to pour; a circle concaved beneath the mouth conduct the function of standard line while pouring and convenient to observe tea trace; The heavy body is good to keep the tea temperature. With it, the tea keep hot, seems clear, taste pure and the water trace can be checked easily, really easy for observation and evaluation.

A great deal of tea bowl from Jizhou kiln also be exported abroad in the Song Dynasty, Japan,

Korea and some nations of Southeast Asia have the collection, the Japanese has a unique feeling to the tea bowl of Jizhou kiln, call it as "heaven eyes", "brilliant heaven eyes", "heaven eyes with leaf design" and "heaven eyes with hawksbill speckles design".

1 黑釉花口碗

Black glazed flower-shaped bowl

北宋（960～1127）

Northern Song Dynasty

口径 14.4、底径 3.2、高 6.5 厘米

1975 年江西省吉安县永和窑址出土

现藏江西省博物馆

　　食器。花瓣形口外撇，下腹渐内收，圈足，足墙微外撇。碗腹内外壁分别呈凹凸状出筋与花口相连，全器施黑釉，外壁施半截黑釉，露灰白色胎。此器胎薄体轻，造型似绽开的花朵，是一件难得的佳作。

　　花口、起棱的碗式，是晚唐时期模仿金银器形状制作的新器种。此碗胎体较唐代为薄，碗腹较唐代为深，底部也由玉璧底演变成窄且高的圈足，做工非常精细。

2　黑釉碗

Black glazed bowl

北宋（960～1127）

Northern Song Dynasty

口径 12.1、底径 4、高 5.7 厘米

1980 年江西省吉安县永和窑址出土

现藏江西省博物馆

　　食器。束口，圆唇，深腹至底渐内收，圈足，足墙较厚，有旋削痕，制作规整，造型古朴。通体施黑釉，釉面光润，外壁施釉不及底，露灰白色胎。

3 黑釉窑变纹盏

Black flambe glazed bowl

宋（960~1279）

Song Dynasty

口径 12.7、底径 3.5、高 5.9 厘米

1980 年江西省吉安县永和窑址出土

现藏江西省博物馆

　　饮茶器具。束口，圆唇，下腹急收，圈足，足墙较厚，足外有明显的刮削纹，内底心有一脐状突起。盏外壁施黑釉不及底，有流釉现象，露灰白色胎。盏内壁酱红色的地纹上点缀白中泛紫的斑点，变幻莫测。

4 黑釉玳瑁纹盏

Black glazed bowl with hawksbill speckles

宋（960～1279）

Song Dynasty

口径 11.9、底径 3.8、高 5.2 厘米

1970 年江西省南昌市征集

现藏江西省博物馆

　　饮茶器具。束口，圆唇，圈足。通体施玳瑁纹黑釉，釉层较厚，釉面光润，底足露灰白色胎。

　　玳瑁纹是吉州窑著名的一种釉装饰工艺，即利用釉的色泽与斑点大小的变化，使之产生特殊的装饰效果。

5 黑釉虎皮纹盏

Black glazed bowl with tiger fur decoration

宋（960～1279）

Song Dynasty

口径 10.6、底径 3.6、高 5.2 厘米

1959 年上海博物馆调拨

现藏江西省博物馆

　　饮茶器具。敛口，圆唇，圈足，足外有明显的刮削痕。施虎皮纹黑釉，釉彩流动，深浅多变，局部呈乳白色花斑状，酷似虎皮的斑纹。外壁施釉不及底，有流釉现象，露灰白色胎。

　　虎皮纹是吉州窑较为常见的釉装饰工艺，即利用含铁量不同的黄褐两种釉烧成后形成的黄褐色相间的放射状条纹变化，产生特殊的装饰效果。玳瑁纹与虎皮纹的区别在于：呈块状者为玳瑁纹，呈条状者为虎皮纹。

6 黑釉虎皮纹盏

Black glazed bowl with tiger fur decoration

宋（960～1279）

Song Dynasty

口径 11.5、底径 3.5、高 5.5 厘米

1984 年南昌市铁路公安处移交

现藏江西省博物馆

　　饮茶器具。束口，圆唇，圈足，足外有明显的刮削纹。施虎皮纹黑釉，施釉不及底，有流釉现象，露灰白色胎。

7 黑釉鹧鸪纹盏

Black glazed bowl with partridge feather design

宋（960～1279）

Song Dynasty

口径10.9、底径3.6、高5.5厘米

1975年江西省吉安县永和窑址出土

现藏江西省博物馆

　　饮茶器具。敛口，圆唇，圈足，内底心有一脐状突起，圈足外有明显的旋削纹。施鹧鸪纹黑釉，釉不及底，有流釉现象，露米黄色胎，胎体含沙量较大。银灰色的斑点镶嵌在漆黑的釉面上，如鹧鸪鸟的羽毛。

　　鹧鸪纹是吉州窑宋元时期黑釉瓷主要的窑变釉装饰手法，在黑色底釉上显现白色的斑点，有如鹧鸪鸟羽毛的花纹，为文人们所欣赏。《清异录》云："花纹鹧鸪斑点，试茶家珍之。"宋人黄庭坚《满庭芳》词云："北苑龙团，江南鹰爪，万里名动京关。碾深罗细，琼蕊暖生烟，一种风流气味，如甘露，不染尘凡。纤纤捧，冰瓷莹玉，金缕鹧鸪斑。相如方病酒，银瓶蟹眼，波怒涛翻。为扶起，尊前醉玉颓山。饮罢风生两腋，醒魂到，明月轮边。归来晚，文君未寝，相对小窗前。"从中我们感受到用这种雅致的茶盏饮茶的意趣。

8 黑釉鹧鸪纹盏

Black glazed bowl with partridge feather design

宋（960～1279）

Song Dynasty

口径 15、底径 4.9、高 7.5 厘米

1954 年江西省南昌市伍毓瑞捐赠

现藏江西省博物馆

  饮茶器具。束口，圆唇，圈足，内底心有一脐状突起。施鹧鸪纹黑釉，外壁施釉不及底，有流釉现象，露米黄色胎，淘洗欠精，胎体含沙量较大。

9　黑釉兔毫纹盏

Black glazed bowl with hare's fur design

宋（960～1279）

Song Dynasty

口径11.5、底径3.5、高4.2厘米

1980年江西省吉安县永和窑址出土

现藏江西省博物馆

　　饮茶器具。敛口，圆唇，下腹急收，圈足，足墙较厚，圈足外有明显的旋削纹。盏外壁施黑褐色釉不及底，釉层较厚，有流釉现象，露米黄色胎。盏内壁黑褐色地釉上布满细如发丝的银灰色条纹，粗看整齐划一，细看毫峰参差不齐，恰似丝丝银针，统一中富有变化。

　　兔毫纹是吉州窑茶盏的装饰纹样之一，虽不及建窑有名，亦别具特色。

10 黑釉玳瑁纹带托盏

Black glazed bowl with stand and hawks-bill speckles

南宋（1127～1279）
Southern Song Dynasty
口径 13、底径 5.6、通高 8.2 厘米
1998 年江西省吉安市任井基建工地出土
现藏吉安市博物馆

　　饮茶器具。盏、托连体，盏作平折沿，浅弧腹，圈足与盏托连体。盏托敞口，浅腹，高圈足。通体施玳瑁纹黑釉，盏托圈足露灰白色胎，制作规整，釉色莹润。

　　带托瓷盏最早见于东晋时期，盏、托连体或分体，以防茶烫伤手指。唐以后，盏、托分离的形式渐多，吉州窑所见多为连体式。

11　黑釉四系罐

Black glazed pot with four loop handles

北宋（960～1127）
Northern Song Dynasty
口径10.4、底径8.4、高19.5厘米
1954年江西省南昌市伍毓瑞捐赠
现藏江西省博物馆

　　贮器。敞口，卷沿圆唇，矮颈，斜折肩，深腹，圈足，肩部等距离贴塑四个桥形系，造型朴实敦厚。施黑釉不及底，露灰白色胎。釉色乌黑，釉层较薄，满布缺釉细孔。

12　黑釉玳瑁纹四系罐

Black glazed pot with four loop handles and hawksbill speckles

南宋（1127～1279）

Southern Song Dynasty

口径5.6、底径4.7、高6.2厘米

1985年江西省南昌市钢铁厂基建工地南宋淳熙（1174～1189）纪年墓出土

现藏江西省博物馆

　　贮器。直口，方唇，斜直颈，窄肩，置四个桥形系，圆腹，圈足。施窑变玳瑁纹黑釉不及底，露灰白色胎，有明显的旋削痕。这是唯一有确切纪年的吉州窑玳瑁纹黑釉罐，可以作为同类器的断代坐标。

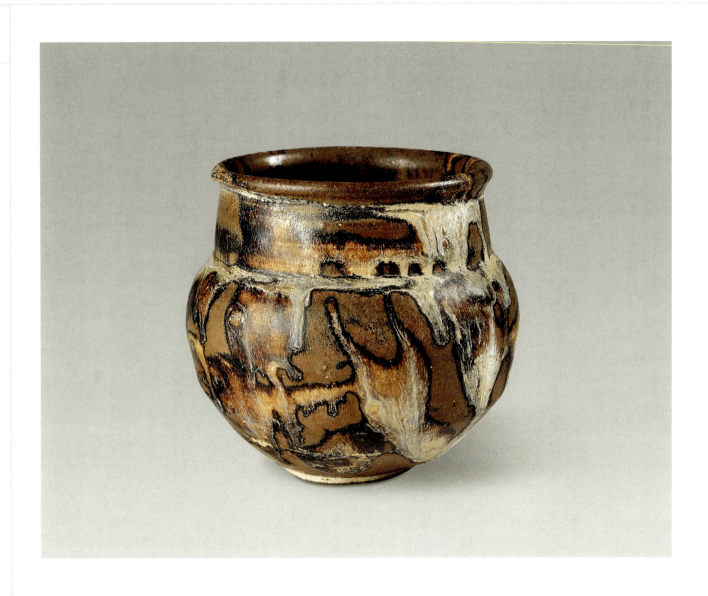

13 黑釉玳瑁纹长颈罐

Black glazed pot with hawksbill speckles

南宋（1127～1279）

Southern Song Dynasty

口径7.7、底径5.5、高8.5厘米

1982年江西省樟树市永泰镇车埠金盆沈家村出土

现藏樟树市博物馆

  贮器。卷沿圆唇，长直颈，溜肩鼓腹，圈足，造型端庄。通体施窑变玳瑁纹黑釉，因烧制时窑温过高，斑块呈褐色，而不是常见的黄色，底足露灰白色胎。

  大口罐是吉州窑瓷器罐式之一，基本造型是：大口，短颈或长直颈，深腹，圈足。

14 黑釉玳瑁纹长颈罐

Black glazed pot with hawksbill speckles

南宋（1127～1279）

Southern Song Dynasty

口径 10.2、底径 5.5、高 10.6 厘米

1975 年江西省吉安县永和窑址出土

现藏江西省博物馆

　　贮器。卷沿圆唇，长直颈，溜肩，鼓腹，圈足，造型端庄。通体施窑变玳瑁纹黑釉，底足露米黄色胎。

15 黑釉虎皮纹长颈瓶

Black glazed long-necked vase with tiger fur design

宋（960～1279）

Song Dynasty

口径3.9、底径6.3、高19.7厘米

1980年江西省吉安县永和窑址出土

现藏江西省博物馆

　　陈设器。直口，细长颈，溜肩，鼓腹，圈足微外撇。施虎皮纹黑釉不及底，釉薄处呈棕红色，露灰白色胎，淘洗欠精，胎体含沙量较大。

16　黑釉玳瑁纹长颈瓶

**Black glazed long-necked vase with
hawksbill speckles**

北宋（960～1127）

Northern Song Dynasty

口径 3.8、底径 3.5、高 10 厘米

1959 年上海博物馆调拨

现藏江西省博物馆

　　陈设器。敞口，卷沿圆唇，细长颈，
溜肩，椭圆形腹，圈足，足墙较厚。施
窑变玳瑁纹黑釉不及底，露灰白色胎。

17 黑釉玳瑁纹长颈瓶

Black glazed long-necked vase with hawks-bill speckles

南宋（1127～1279）
Southern Song Dynasty
口径6、底径6.4、高16.8厘米
1978年江西省丰城市曲江公社出土
现藏江西省博物馆

　　陈设器。花口，卷沿，长颈，溜肩，球腹，圈足，足墙较厚，肩部贴塑凸棱二周。通体施窑变玳瑁纹黑釉，底足露灰白色胎。

参考文献
唐昌朴：《近年江西出土古瓷精品介绍》，《文物》1980年第2期。

18 黑釉剔花折枝梅纹长颈瓶

Black glazed long-necked vase with sgraffito plum blossom

南宋（1127～1279）

Southern Song Dynasty

口径 3.8、底径 5.3、高 16.2 厘米

1967 年江西省南昌市征集

现藏江西省博物馆

陈设器。侈口，卷沿圆唇，细长颈，溜肩，椭圆形腹，圈足微外撇。施黑釉不及底，釉薄处呈酱褐色，露米黄色胎。器腹剔老梅一枝，粗干细枝，虬曲盘绕，枝桠穿插有致，七朵梅花，绽放枝头，花蕊加绘褐彩。画面密而不乱，显出秀美挺拔的风格，线条流畅，渲染有力，虬曲苍老的树干与怒放的花朵，透出浓浓的春意。

剔花装饰工艺始于磁州窑，是在划出花纹的坯胎上，将花纹以外的部分剔除，使纹样凸起，再施一层釉。吉州窑则是在黑色底釉上剔除花纹部分的釉，再施一层透明薄釉，使花纹以浅淡的胎色凹显，实际上是剔釉，手法简单，纹样简洁，色差对比鲜明，装饰效果独特。

折枝花是宋代流行的一种瓷器装饰纹样，在器物的显著部位绘画或刻划折枝花卉，有折枝梅、折枝牡丹、折枝兰草等。剔花折枝梅是宋代吉州窑最为典型的装饰工艺，树干、花朵剔出，花蕊加绘褐彩，笔画一粗一细，颜色一褐一白，对比强烈，风格古雅深沉，展现出冷寂孤寒之美。

19 黑釉剔花折枝梅纹长颈瓶

Black glazed long-necked vase with sgraffito plum blossom

南宋（1127～1279）
Southern Song Dynasty
口径 2.9、底径 5.3、高 17 厘米
1975 年江西省南昌县出土
现藏江西省博物馆

　　陈设器。直口，细长颈，溜肩，椭圆形腹，圈足微外撇。施黑釉不及底，釉薄处呈酱褐色，露米黄色胎。器腹剔折枝梅，花开四朵，花蕊加绘褐彩，花大枝细，暗香浮动。

20 黑釉剔花折枝梅纹长颈瓶

Black glazed long-necked vase with sgraffito plum blossom

南宋（1127～1279）

Southern Song Dynasty

口径4.8、底径6.6、高21.2厘米

1972年江西省吉安县永和窑址出土

现藏江西省博物馆

　　陈设器。侈口，卷沿圆唇，细长颈，溜肩，橄榄形腹，圈足微外撇。通体施黑釉不及底，露米黄色胎，釉汁不匀，满布缺釉毛孔，釉薄处呈酱褐色。器腹对称剔折枝梅各一支，彩绘花蕊，透出："素艳雪凝树，清香风满枝"的诗意。

参考文献

陈柏泉:《江西出土的几件宋代吉州窑瓷器》,《文物》1975年第3期。

21　黑釉剔花折枝梅纹带铭长颈瓶

Black glazed long-necked vase with sgraffito plum blossom and inscription

南宋（1127～1279）

Southern Song Dynasty

口径 8.3、底径 11、高 33 厘米

1996 年广东省征集

现藏广东省博物馆

　　陈设器。盘口，长颈，鼓腹，圈足，造型庄重，敦实典雅，是目前所见吉州窑黑釉剔花器中形体最大者。通体施黑釉，腹部剔划折枝梅两枝，两两相对，布满瓶身，线条流畅，美观大方，两梅间分别剔出长条白地，再用褐彩楷书"天庆观"、"四圣台"六字，铭文均上盖莲叶，下以莲花相托，与吉州窑宋代绿釉瓷枕铭款形式相同。梅花花蕊及莲叶、莲花施以褐彩，底足和瓶内壁无釉，露米黄色胎。

　　据文献记载，天庆观是北宋时期吉州著名的道观，在今吉安市东天华山半山腰处，基址尚存。此瓶当为天庆观专门烧制的陈设瓷，对研究吉州窑和当地历史具有重要价值。

参考文献

冯素阁：《宋吉州窑黑釉剔花天庆观胆瓶》，《收藏家》1997年第 4 期。

22 黑釉剔花折枝梅纹长颈瓶

Black glazed long-necked vase with sgraffito plum blossom

南宋（1127～1279）

Southern Song Dynasty

口径 5.4、底径 9、高 20 厘米

1982 年江西省宜春市郊南宋庆元五年（1199）墓出土

现藏宜春市博物馆

陈设器。直口微侈，长颈微束，鼓腹下垂，圈足。施黑釉，底足露灰白色胎，胎质较粗松，腹部两面各饰折枝梅花一枝，枝梢、花瓣皆采用剔釉手法，彩绘花蕊，刀法洗练，笔道遒劲。

参考文献

尹福生、易明晃：《宜春市清理一座宋墓》，《江西历史文物》1983 年第 4 期。

谢志杰、黄颐寿：《宜春市出土的吉州窑瓷器》，《江西历史文物》1983 年第 4 期。

23 黑釉剔花折枝梅纹梅瓶

Black glazed *Meiping* with sgraffito plum blossom

南宋（1127～1279）
Southern Song Dynasty
口径 4.8、底径 6.5、高 19.1 厘米
1975 年江西省南昌县征集
现藏江西省博物馆

　　陈设器。小口，卷沿圆唇，细颈，溜肩，深腹，上鼓下收，假圈足。通体施黑釉，腹部剔出两枝怒放的折枝梅，露出白色胎，花蕊用褐彩描绘，梅枝伸展有力，梅花错落有致，极富生机。

　　梅瓶是宋代开始流行的新器种，基本特征是小口，丰肩，下腹内收，假圈足，器体修长，造型挺拔秀美。以后各代均有制作，元代的瓶式与宋代相比，器体稍显粗壮，肩部更显丰满，口部加高，且上小下大，呈梯形。梅瓶是吉州窑瓶式之一，基本造型为小口，卷沿圆唇，直颈，椭圆形腹，假圈足。造型敦厚有余，秀美不足。

参考文献

唐昌朴：《近年江西出土古瓷精品介绍》，《文物》1980 年第 2 期。

24　黑釉剔花折枝梅纹梅瓶
Black glazed *Meiping* with sgraffito plum blossom

南宋（1127～1279）
Southern Song Dynasty
口径 4、底径 7、高 21.7 厘米
1954 年江西省南昌市伍毓瑞捐赠
现藏江西省博物馆

　　陈设器。小口，卷沿圆唇，直颈，丰肩，深腹，上鼓下收，假圈足。通体施黑釉，色黑如漆。瓶腹部对称安排两枝折枝梅，其一为横杆上折枝式，两枝交互，梅开八朵。另一为正梢攒萼式，梅开四朵，梅枝、花朵采用剔花法，露出白色胎，花蕊用褐彩细描，梅杆粗壮，花朵繁密。画面构图依照梅花向上生长或旁逸斜出的生理形态，巧妙地运用花、叶、枝、梗彼此间的疏密转折、阴阳反侧，以及大小比例的关系，有机地组成优美的图案，显现出生机盎然的景象。

25 黑釉剔花折枝梅纹梅瓶

Black glazed *Meiping* with sgraffito plum blossom

南宋（1127～1279）

Southern Song Dynasty

口径 4、底径 7、高 21.7 厘米

1954 年江西省南昌市伍毓瑞捐赠

现藏江西省博物馆

　　陈设器。小口，卷沿圆唇，直颈，溜肩，深腹，上鼓下收，假圈足。通体施黑釉，色黑如漆。瓶腹部对称安排两枝折枝梅，其一为横杆上折枝式，两枝交互，梅开八朵，梅杆粗壮。另一为正梢攒萼式，梅开四朵。梅枝、花朵采用剔花法，露出白色胎，花蕊用褐彩细描，花朵繁密，偃仰反正有致。

26 窑变釉圈点纹瓶

Black flambe glazed vase with yellow speckles

元（1279～1368）

Yuan Dynasty

口径 2.8、底径 6、高 20.1 厘米

1980 年江西省永新县禾川镇学背村元代窖藏出土

现藏江西省博物馆

　　陈设器。小口，圆唇，直颈，丰肩，深腹，假圈足，造型古朴。通体用窑变花釉装饰，具体制作工艺是：先施花釉作地，然后用印花工具蘸黑釉在花釉上印成圈点纹，经高温烧成，使其纹样变化成放射状兔毫纹，五颜六色，工艺精湛，是吉州窑装饰方法之一，此系海内孤品。

参考文献

杨后礼：《江西永新发现元代窖藏瓷器》，《文物》1983 年第 4 期。

27 黑釉虎皮纹钵

Black glazed bowl with tiger fur design

南宋（1127～1279）

Southern Song Dynasty

口径 13.2、底径 5.5、高 8.2 厘米

1999 年江西省吉安市征集

现藏吉安市博物馆

　　贮器。直口微敛，圆腹微鼓，下腹急收，圈足。通体施虎皮纹黑釉，釉薄处呈棕红色，底足露灰白色胎。

参考文献

中国国家博物馆、吉安市博物馆：《吉州窑》第 43 页，中国社会科学出版社，2004 年。

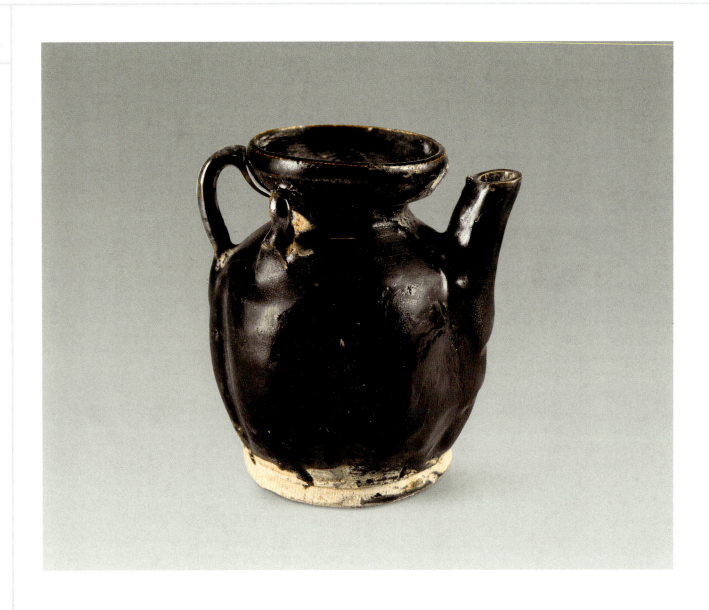

28 黑釉盘口执壶

Black glazed dish-mouthed ewer

北宋（960～1127）

Northern Song Dynasty

口径 4.7、底径 5.3、高 7.9 厘米

1980 年江西省吉安县永和窑址出土

现藏江西省博物馆

贮器。盘口，束颈，溜肩，扁平弧形錾，管状短流，两侧贴塑两个环状系，瓜棱形腹，圈足微外撇，造型端庄。施黑釉不及底，露灰白色胎，底足修胎略显粗糙，有明显的旋削痕。

29 黑釉鬲式炉

Black glazed tripod censer

宋（960~1279）

Song Dynasty

口径11、底径5.5、高8.4厘米

1980年江西省吉安县永和窑址出土

现藏江西省博物馆

　　焚香用具。平沿外折，尖圆唇，直颈，溜肩，鼓腹，胫部向下平折成小平底，贴塑三只乳状足，足尖外撇，施黑釉不及底，露灰白色胎。

　　鬲式炉是吉州窑炉式之一，基本造型为：敞口，平折沿，束颈，圆腹，下承三乳状足。

30 黑釉玳瑁纹鼎式炉

Black glazed tripod censer with hawksbill speckles

南宋（1127～1279）
Southern Song Dynasty
口径 8.7、高 6.3 厘米
1980 年江西省吉安县永和窑址出土
现藏江西省博物馆

　　焚香用具。平沿外折，尖圆唇，沿面立长方形双耳，直颈，溜肩，鼓腹，贴塑三只乳状足，足尖外撇，通体施玳瑁纹黑釉，足尖露灰白色胎。

31 黑釉玳瑁纹鬲式炉

Black glazed tripod censer with hawksbill speckles

南宋（1127～1279）

Southern Song Dynasty

口径 14.6、高 10.5 厘米

1994 年江西省新余市出土

现藏新余市博物馆

　　焚香用具。平沿外折，尖圆唇，直颈，溜肩，鼓腹，贴塑三只乳状足，足尖较高，通体施玳瑁纹黑釉不及底，露灰白色胎。

32 黑釉剔花折枝梅纹筒式三足炉

Black glazed tripod censer with sgraffito plum blossom

南宋（1127～1279）
Southern Song Dynasty
口径 13.5、底径 9.5、高 10 厘米
1982 年江西省宜春市郊南宋庆元五年（1199）墓出土
现藏宜春市博物馆

　　焚香器具。平沿内折，内沿起凸棱，中腹微鼓，平底，三弓弧形矮足，造型工整。器表挂黑釉不及底，炉内无釉。器腹剔折枝梅花，花蕊以褐彩勾绘，形成黑地白花褐蕊的多层次画面，构图简朴，用笔犀利，制作精细，黑白对比和谐，代表了永和窑黑釉瓷装饰工艺的较高水平。

　　筒式三足炉是宋代吉州窑瓷器炉式之一，因炉身似筒而得名，基本造型是：器口、器底大小基本相等，口、底均内收，腹部微鼓，炉底贴有较矮的三足。

参考文献

尹福生、易明晃：《宜春市清理一座宋墓》，《江西历史文物》1983 年第 4 期。

谢志杰、黄颐寿：《宜春市出土的吉州窑瓷器》，《江西历史文物》1983 年第 4 期。

33 黑釉鼓钉纹圈足炉

Black glazed censer with small white protrusions

南宋（1127～1279）

Southern Song Dynasty

口径 7.5、底径 6.3、高 6.3 厘米

1982 年江西省樟树市永泰镇出土

现藏樟树市博物馆

　　焚香器具。敛口，平沿内折，筒形腹微鼓，假圈足，造型浑厚。通体施黑釉，口沿涩胎无釉，炉内、外底无釉。下腹饰白色鼓钉纹一周、白釉弦纹二周。

　　圈足炉是吉州窑炉式之一，基本造型为：筒形腹，平底内凹，形成假圈足。

参考文献

黄冬梅：《江西清江出土的几件吉州窑瓷器》，《文物》1987 年第 5 期。

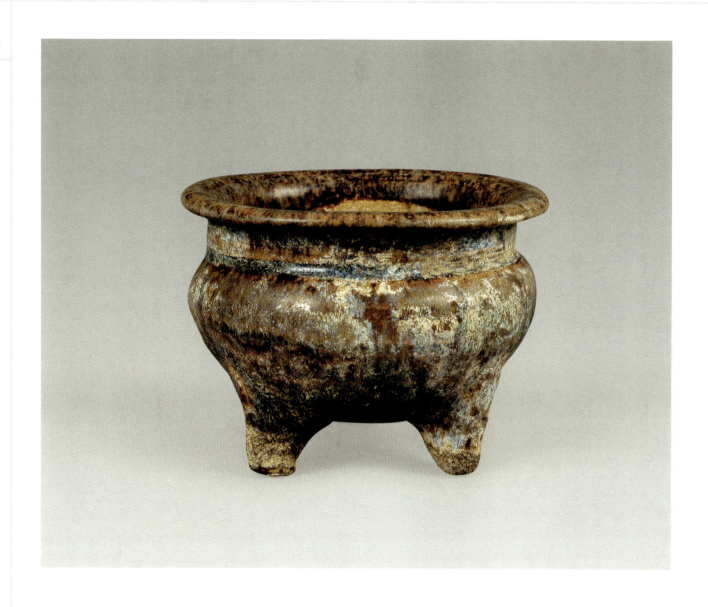

34 黑釉窑变纹鬲式炉

Black flambe glazed tripod censer

南宋（1127～1279）

Southern Song Dynasty

口径 9.5、通高 7.2 厘米

1982 年江西省峡江县罗田乡南宋景定元年（1260）王应白墓出土

现藏峡江县博物馆

　　焚香器具。平沿外折，尖圆唇，直颈，溜肩，鼓腹，三乳状足微外撇。施窑变纹黑釉，足尖露灰白色胎，炉内壁施釉不及底。

参考文献

赵国祥、毛晓云：《峡江清理两座古墓》，《江西历史文物》1986 年第 2 期。

质朴自然的木叶纹

The Natural and Simple Porcelain with Leaf Design

木叶纹是指将天然桑叶用于瓷器装饰。从工艺上讲，木叶纹属于贴花的一种，但它不同于泥胎贴花或剪纸贴花。具体方法是待天然树叶浸水腐烂后，将留存的叶脉贴在已施过黑釉的坯胎上，敷黄釉经高温一次烧成。由于桑叶中的五氧化二磷焙烧时与铁釉不融合，产生分离，黑釉上便出现叶脉清晰的图案。烧成后的桑叶呈黄色，与黑色地釉之间形成对比色，树叶的形状、茎脉在黑釉的衬托下清晰可见，妙趣天成。金黄或紫褐色的树叶，嵌在漆黑的盏中，宁静、素淡，加上依稀可辨的叶脉，给人平和而深邃，古朴而又超俗的感觉。

窑址出土木叶纹盏残片

木叶纹的图案设计，没有固定样式，有一叶或二三叶相叠成图案的，也有半叶的，多随工匠的意图设计安排。或一叶展开于盏内壁，占器壁的二分之一，如大树耸于苍穹之中；或一小片树叶挂在盏内壁，茎、脉清晰；或双叶叠落；或三叶散点，构思奇巧，木叶

窑址出土木叶纹笠式盏

纹与地色黑、黄相衬，显得格外清晰明朗。木叶纹是吉州窑的一大绝技，是吉州窑工匠别出心裁独创的装饰工艺，它标志着我国陶瓷釉面装饰工艺已发展到一个新的阶段。目前有确切年代可考的吉州窑木叶纹标本是江西省上饶市南宋开禧二年（1206）赵氏墓出土的木叶纹盏，表明在南宋中期，这一装饰工艺已经成熟。

木叶纹是仅见于黑釉茶盏的一种装饰工艺，用普通的原料烧成，没有鲜艳的色彩，也无任何雕饰，却能给人一种质朴的美感，具有强大的艺术魅力。木叶纹盏一般是蛋黄色的图案衬在黑色或黑褐色的地纹上，纹样与地色之间反差大，树叶质感强，这种取材于自然、极富写实性的装饰风格，自然清新，朴实无华，却意境幽远。如果注上茶水，眼睛和茶盏口保持同一水平线，再观察树叶，仿佛树叶在水中漂浮，有如一叶小舟荡漾在水面上，别有一番情趣。虚实相应的水面，淡香轻拂，叶影飘摇，如梦似幻，牵引茶人的思绪，洗涤和净化人们的心灵。

Leaf design is a kind of porcelain decoration made by natural leaf. It belongs to applique design, but different from the applique design on clay body and applique paper-cut design, its method can be described as follow: put the leaf vein after soaked in water and worn-out on the black porcelain body first, then covered with yellow glaze and fired under high temperature, Because phosphorus pentoxide in the leaf can not blend with iron glaze and present separation in the process of firing, the leaf vein pattern appeared obviously on the black glaze. After the firing above 1,000 ℃, the leaf figure seems vivid and dissolved with black glaze, have no any distortion and ambiguity. The leaf presents yellow, formed two kind of different contrast color with black glazed ground, the figure and vein were set off clearly and seemed interesting and wonderful. Golden or purple brown leaf inside the pure black tea bowl is just like the bright moon hanging in the sky, seems quiet and native, especially the leaf vein, looks plain while with profound meaning, simple but full of charm, ancient and go beyond ordinary, provide people with space for self-reflection.

The pattern have no fix model, some stacked by one, two or three leaves, some only used half leaf, all arranged with the intention of craftsmen, some have one leaf extending inside, occupy half size of the wall, like a big tree lofty in the blue sky, some have one leaf hanging inside, with clear stem and vein, some stacked by two leaves, some spread by three leaves, with strange and artful conceiving, seems particularly clear contrasting with the black and yellow ground. Leaf decoration was a unique skill created by craftsmen of Jizhou kiln, which symbolized that Chinese ceramic decoration had developed to a new stage. The earliest specimen with leaf design which has accurate dating is a tea bowl unearthed from the tomb of Zhaoshi, Shangrao City, Jiangxi Province in 1206 A.D., second year of the Kaixi Reign, Song Dynasty, which shows the leaf decoration was already matured in the mid of Song Dynasty.

Leaf design is a kind of decoration only seen on the black glazed tea bowl, which can give people a pleasant and simple impression, produce strong art charming just with common raw material, without beautiful color and any decoration. Generally, the tea bowl with leaf design has yellow pattern on the black or black brown ground, the design has great contrast with the ground and seems vivid, this kind of decoration style got the material from nature, with realistic and interest style, feel fresh, simple and meaningful. When pouring the tea and keep your eyes on the same horizon, you can see the leaf looks like a bateau floating on the water, full of interest, pureness and nimbus, light fragrant swayed gently, leaf shadow shaken between motion and motionless, virtual or reality, just like a dream, leading the thoughts and feelings of people, washing and purifying people's mind.

35 黑釉木叶纹盏

Black glazed bowl with leaf design

南宋（1127～1279）

Southern Song Dynasty

口径 10.5、底径 2.9、高 5.3 厘米

1996年江西省上饶市南宋开禧二年（1206）赵氏
墓出土

现藏上饶市博物馆

　　饮茶器具。束口，斜腹，圈足。通体
黑釉，釉色滋润，晶莹光亮，底足露灰白
色胎。内壁饰木叶纹，叶尖朝向盏沿，叶
面几乎占器壁的二分之一。在漆黑的釉色
衬托下，叶之茎脉，由粗渐细，四处网络，
偶有虫咬之小孔，釉色晕散处，漫漫渍渍，
宛若秋雨中飘零之落叶，妙趣天成。这件
盏出土于纪年墓中，是目前唯一有确切纪
年的吉州窑木叶纹盏，可作为同类器的断
代坐标，具有重要的科学价值。

参考文献

黄美翠：《宋吉州窑木叶贴花黑釉盏》，《中国文
物报》1998 年 12 月 27 日。

36 黑釉木叶纹盏

Black glazed bowl with leaf design

南宋（1127～1279）

Southern Song Dynasty

口径 11.1、底径 3.2、高 3.2 厘米

现藏广东省博物馆

　　饮茶用具。束口，斜腹，圈足，底足露灰白色胎，内壁饰一片褐色树叶，叶面残破，筋脉清晰，自然生动。黑色的盏内浮着一片黄褐色的树叶，使茶盏凭添了情趣和美感。

37 黑釉木叶纹笠式盏

Black glazed bowl with leaf design

南宋（1127～1279）

Southern Song Dynasty

口径 14.8、底径 3.8、高 5.5 厘米

1962 年江西省南昌市征集

现藏江西省博物馆

　　饮茶器具。敞口，斜腹，圈足，呈斗笠形，是宋代典型的斗笠盏式样。施黑釉，釉色滋润，晶莹光亮，底足无釉，露米黄色胎。盏内心呈脐状突起，内壁饰木叶，从内心向口沿展开，叶尖飘出盏沿外，叶面占器壁的二分之一，自然之美与人工之美在这里得到了完美结合，以此饮茶品茗之余，还可赏瓷，心清目朗。

　　笠式盏为宋代吉州窑盏式之一，基本造型为：大敞口，斜直腹，圈足。有深腹与浅腹两种。

参考文献

陈柏泉：《江西出土的几件宋代吉州窑瓷器》，《文物》1975 年第 3 期。

38　黑釉木叶纹笠式盏
Black glazed bowl with leaf design

南宋（1127～1279）
Southern Song Dynasty
口径14.5、底径3.4、高5.2厘米
1954年江西省南昌市伍毓瑞捐赠
现藏江西省博物馆

　　饮茶器具。敞口，斜腹，小圈足，呈
斗笠形。施黑釉，釉色滋润，晶莹光亮，
底足露灰白色胎。内壁饰木叶，从内心向
口沿展开，叶尖朝向盏沿，叶脉清晰，片
小残破，折卷反叠，恰似一阵轻风吹过后，
树叶飘落盏中，自然天成。

39 黑釉木叶纹笠式盏
Black glazed bowl with leaf design

南宋（1127~1279）
Southern Song Dynasty
口径15、底径3.7、高5.6厘米
江西省丰城市出土
现藏丰城市博物馆

　　饮茶器具。敞口，斜腹，圈足，呈笠形。施黑釉，釉色滋润，晶莹光亮。盏内心呈脐状突起，底足露灰白色胎。内壁一侧贴一小片带柄树叶，茎叶分明，发色棕红，跃动而又沉静。

大雅大俗的剪纸贴花
The Elegant and Popular Porcelain with Applique Paper-cut Design

窑址出土单色剪纸贴花杜鹃花纹四系罐

窑址出土单色剪纸贴花火焰纹与朵梅纹碗残片

窑址出土剪纸贴花折枝花卉纹盏残片

　　剪纸艺术是我国的一项传统工艺，唐宋时期已十分流行，在民间，有人把剪纸艺术运用于漆绘和雕花艺术，但把它运用于瓷器装饰，则始于唐代的寿州窑等北方窑场。吉州窑剪纸贴花工艺创烧于南宋，工艺大致有两种：一种为单色剪纸，即直接把剪纸纹样贴于器物坯胎上，施上一层釉，待釉干后再剔掉剪纸纹样，便得到釉色与胎色相对的图案。另一种双色剪纸是将剪纸纹样直接贴在已上过含铁量高的底釉器上，再薄施一层含铁量低的石灰钙型竹灰釉，然后剔掉剪纸纹样，以显出底色纹样来，入窑高温烧制，两层釉变化出各种窑变色釉，底釉与面釉色彩既有细微的区别又和谐统一，在浅淡的底釉上呈现出深色的剪纸纹样，得到釉色和胎色深浅相映、动静相辅的装饰效果。在淡黄色的地釉上，在异彩缤纷的色相中，浮现出鹿、凤和梅等各种物像生动的花卉和珍禽的剪影，那种含蓄而又朦胧的美，富有天然意趣，流露出浓郁的民俗气息，成为艺术来源于生活的极好脚注。

　　剪纸是我国最具民族特色的民间传统工艺美术，是以线造型、以虚实相间的手法组织线条花纹，即通过线条来表现事物形象，达到"应物象形"、"以形写神"、"形神兼备"的造型效果。它用一种亲切、朴素、通俗、美观的艺术表现形式反映社会生产生活，表达出人民所理解的真、善、美。它根植民间，来源于现实生活，具有广泛性、普及性和极高的审美价值。剪纸贴花是将民间的剪纸工艺用于瓷器装饰，是剪纸艺术与陶瓷装饰工艺相结合的一个典范。我们认为，宋代剪纸艺术的普及是吉州窑剪纸贴花工艺的技术基础,斗茶的风行则直接推动了吉州窑剪纸贴花工艺的发明。

从文献记载和考古发现来看,我国的剪纸工艺,大致出现在南北朝时期。梁朝宗懔《荆楚岁时记》记载了荆楚(今湖北、湖南省)一带的节日风俗:"正月初七为人日,以七种菜为羹;剪彩为人或镂金泊为人,以贴屏风,亦戴之头鬓。"又说:"立春之日,悉剪彩为燕以戴之。亲朋会宴,啗春饼、生菜,贴宜春二字。"在"人日",要用彩色幡纸剪成人形贴在屏风上,妇女们则把用幡纸剪成的燕子戴在头上,作为节日的装饰,剪或刻成人形的叫人胜,成花形的叫花胜,成相交双菱形的叫方胜。戴胜是人日节的重要特色,这可以作为剪纸已在民间流行的证明。用纸作原料剪成的剪纸,目前考古发现最早的实物是北朝时期的作品。在新疆吐鲁番阿斯塔那地区的古墓葬中,先后出土了五幅剪纸,其中有八角形团花、忍冬纹团花各一幅,菊花形团花三幅。图案层次交错,变化繁复,颇有韵律感。另两幅更为复杂,在几何形内圈之外分别剪出一圈对马和对猴,将动物巧妙地组合在图形的画面中,其艺术表现之成熟,决非萌芽阶段的原始状态。

唐代延续南北朝遗风,不废晋俗,依然于人日剪刻人形,名为"人胜"。段成式《酉阳杂俎》云:"立春日,士大夫之家,剪纸为小幡,或悬于佳人之首,或缀于花下。又剪为春蝶、春钱、春胜以戏之。"唐人诗词文句中所反映的剪纸题材尚有"春幡"、"春钱"、"春胜"、"春蝶"、"春虫"、"绶鸟"、"连理花"、"鸡"、"凤"等等。李商隐《人日诗》写得更妙:"镂金作胜传荆俗,剪彩为人起晋风。" 不仅再现了人日剪彩为人的实际情景,而且透露了其继承魏晋遗风的传统。1964年新疆吐鲁番哈拉和卓唐墓群中出土了纸钱、纸鞋、纸腰带、纸冠、纸人胜等,表明剪纸作品已从日常生活应用到丧葬礼仪。

剪纸发展到宋代,已经在民间普及。从有关记载看,宋代民间剪纸的应用范围很广。有的将剪纸作为礼品的点缀,有的贴在窗上做窗花,有的巫师用剪纸"龙虎旗"驱邪,有的把剪纸用于工艺装饰,还有的用剪纸装饰彩灯,特别值得注意的是走马灯(内装剪纸形象)对普及剪纸的作用。宋代,每年正月十五的"灯市"活动很热闹,民间剪纸就是通过走马灯的形式开始走出家门进入社会的,可以说一年一度的灯市,也是一次相当规模的"准剪纸展览"。宋代剪纸的普及,还表现为专业剪纸艺人的出现。据《武林旧事》记载,当时杭州就有"剪字"、"剪镞花样"、"镞影戏"等专门从事剪纸或同剪纸有关的手工业,"每一事率数十人,各专籍以为衣食之地,皆他处之所无也"(周密《武林旧事》,卷六)。周密《志雅堂杂钞》云:"向旧都大街,有剪诸花样者,极精妙,随所欲而成,又中瓦有俞敬之者,每剪诸家字皆专门。其后,忽有少年能衣袖中剪字及花朵之类,更精于二人,于是独擅一时之誉。"从这段记载中可以看出,宋代出现了专门从事剪纸的艺人,其技术已炉火纯青。出于民族的传统审美观,剪纸与陶瓷装饰自然形成了亲缘关系。

　　吉州窑剪纸贴花工艺绝大多数用于茶盏内壁装饰，它的发明，可能是受到当时茶饼上以金箔剪贴之花样装饰的启发。北宋时期，唐代的穿饼，发展为精制的团茶，制茶人将各式图案、文字、商标等刻成木质印模，待蒸好的茶叶打成饼后，就用木印模压在茶饼上，使制茶本身工艺化，增加了茶艺的内涵。《清异录·茗荈门》中记载了一种"玉蝉膏"茶："大理徐恪见贻卿信锭子茶，茶面印文曰玉蝉膏，一种曰清风使。"据《宋史·食货志》和《大观茶论》等史籍记载，宋代名茶有90余种，各种龙凤团茶是当时贡茶的主体，朝廷在多处设置御茶园，以福建武夷山区的北苑御茶园最负盛名，贡茶品种达50多种。北宋庆历年间，蔡襄为福建转运使，亲自赴北苑监制贡茶，在原有基础上有所创新，制作更为精致，把原来八片为一斤的龙凤大团茶，改为二十片为一斤的龙凤小团茶。这种小团茶的制作，是采用非常鲜嫩的牙茶作原料，并饰以精美的龙凤和花草图案。正如欧阳修所云："茶为物之至精，而小团又其精者，录叙所谓上品龙茶者是也。盖自君谟始造而岁贡焉。仁宗尤所珍惜，虽辅相之臣，未尝辄赐，惟南郊大礼致斋之夕，中书、枢密院各四人共赐一饼，宫人剪金为龙凤花草贴其上，两府八家分割以归，不敢碾试，相家藏以为宝。时有佳客，出而传玩尔！"（《文忠集》卷六五）类似的记载还见于《归田录》："茶之品莫贵于龙凤，谓之团茶，凡八饼重一斤。庆历中，蔡君谟为福建路转运使，始造小片龙茶以进，其品绝精，谓之小团，凡二十饼重一斤，其价直金二两，然金可有，而茶不可得。每因南郊致斋，中书、枢密院各赐一饼，四人分之，宫人往往镂金花于其上，盖其贵重如此。"茶饼上贴以金花的情况还见于《茗荈录》，该书中记载了一种"镂金耐重儿"茶，"有得建州茶膏，取作耐重儿八枚，胶以金镂，献于闽王曦。"吉州窑的窑工有妇女，甚至还涌现出像舒娇那样的一流制瓷高手，当然，参与制瓷的女窑工中，也不乏剪纸能手，她们把茶饼上常见的剪纸装饰图样直接移植到自己熟悉的茶盏制作上，是一件很自然的事。

　　宋代风行的茶艺漏影春法对吉州窑剪纸贴花装饰起到了直接的推动作用。当时除斗茶外，还盛行分茶，分茶是一种显示点茶技艺的游戏，指在点茶时用茶筅搅动茶盏中已融成膏状的茶末，边注汤边搅动，令茶、水彼此交融，并使泛在汤面上的汤花形成各种图案。正如杨万里《澹庵坐上观显上人分茶》诗云："分茶何似煎茶好，煎茶不似分茶巧。蒸水老禅弄泉水，隆兴元春新玉爪。二者相逢兔瓯面，怪怪奇奇真善幻，纷如擘絮行太空，影落寒江能万变。银瓶首下仍尻高，注汤作字势嫖姚。不须更师屋漏法，只问此瓶当响答。紫薇仙人乌角巾，唤我起着清风生。京尘满袖思一洗，病眼生花得再明。汉鼎难调要公理，策勋茗椀非公事。不如回施马寒儒，归续茶经传衲子"（《诚斋集》卷二）。分茶游艺中当时最为人们乐道的有"生成盏"、"茶百戏"、"漏影春"等。"馔茶而幻出物像于汤面者，茶匠通神之艺也。沙门福全生于金乡，长于茶海，能注汤幻茶，成一句诗，并点四瓯，共一绝句，泛乎汤表。小小物类，唾手弁耳。檀越日造门求观汤戏，全自咏曰：分成盏里水丹青，巧尽工夫学不成。欲笑当时陆鸿渐，煎茶赢得好名声。""茶至唐始盛，近世有下汤运匕，别施妙诀，使汤纹水脉成物像者，禽兽虫鱼花草之属，纤巧如画。但须臾即就散灭。此茶之变也，时人谓之茶百戏。""漏影春法，用镂纸贴盏渗茶，而去纸，伪为花身，别以荔肉为叶，松实鸭脚之类珍物为蕊，沸汤点搅。"漏影春法的大致要点是，先把刻有精细花纹的剪纸贴在茶盏上，散撒上末茶以后，拿掉剪纸做成花瓣，然后用荔枝的果肉当叶子，用松子、银杏等珍味做花蕊，让客人一饱眼福后再用沸汤冲点搅拌。漏影春法这种茶艺，可以给品茶人带来一时乐趣，但一旦点茶，盏内壁的图案就会消失，如果仿照这种方法，做成剪纸贴花盏，就可以使图案永远留在茶盏上，人们一边饮茶、品茶，一边欣赏其中的图案，从所用的茶盏上享受高雅的艺术情趣。

　　茶盏上的剪纸装饰，均采用双色剪纸，纹样主要有双龙、双凤及金玉满堂、长命富贵、福寿康宁之类吉语，或双龙戏珠、双凤展翅，或朵梅纷飞，构图整齐大方，简洁疏朗，带有浓厚的民俗色彩和鲜明的地方特色。正是因为剪纸贴花装饰与茶俗有关，因此剪纸贴花的龙、凤等装饰图样，也是宋代珍贵茶饼上常见的装饰图样。熊蕃《宣和北苑茶录》云："太平兴国初，特置龙凤模，遣使即北苑造团茶，以别庶饮。"该书引杨亿《谈苑》："龙茶以供乘舆及赐执政、亲王、长主，其余皇族、学士、将帅皆得凤茶。"苏东坡的《月兔茶》诗云："君不见斗茶公子不忍斗小团，上有双衔绶带双飞鸾"（《东坡全集》卷四）。梅尧臣《宋著作寄凤茶》诗云："团为苍玉璧，隐起双飞凤，独应近臣颁，岂得常寮共"（《宛陵集》卷七）。这些诗句真实地记录了宋代团茶上的龙、凤花纹，为我们保留了珍贵的茶文化史料。

窑址出土剪纸贴花菱花纹盏

窑址出土剪纸贴花朵梅纹盏

窑址出土剪纸贴花双凤纹盏

Paper cutting art was a traditional craft of China, it was popular in the Tang and Song Dynasties, Paper-cut was used in painting and carving, on ceramic decoration, that only began from the Northern kiln such as Shouzhou kiln in the Tang Dynasty. The applique paper-cut decoration which created in the Southern Song Dynasty include two types: one is monochrome paper-cut, which stick paper-cut design on the body directly, covered with a glaze layer, cut away the pattern after dry, and then get the design with opposite color to the glaze of body. The other is double colors paper-cut, which stick paper-cut design on the vessel directly, and covered with glaze of high iron content, and then covered with a thin layer of calcium grey glaze with low iron content, when the pattern cut away, the decoration appeared, fired under high temperature, two layer glaze become various flambe color glaze, the glaze color of bottom and face have small differentiation but harmonize and unify, achieved contrast effect of the glaze and the body color, present the dark color paper-cut design on the light ground, the craft can be described as follows: first of all, covered the outside body with brown glaze evenly, and then spread the yellow spot and produce flambe effect by firing. The inside decoration usually make the yellow ground and the dark brown paper-cut design first, without change the color and the form after firing, while the yolk yellow ground appear hare's fur decoration like the sunlight, look like tiny dot, and clouds, present various colors like purple, blue, green or yellow, which make the paper-cut decoration vividly.

The applique paper-cut decoration use folk paper-cut craft on the porcelain decoration, it is a perfect example that the paper-cut art was combined with porcelain decoration. We can conclude that the popularity of paper-cut art of Song Dynasty is the technique foundation of the applique paper-cut decoration of Jizhou kiln, the occurrence of tea comparing pushed this invention directly.

The popularity of paper-cut art become the technique foundation of the applique paper-cut decoration of the Jizhou kiln in the Song Dynasty. According to document records and archaeological discovery, the paper-cut craft of China appeared in the Southern and Northern Dynasties and last to the Song Dynasty. From the view of records, paper-cut art was widely applied in the Song Dynasty: some used as gift decoration, some stick on the window as window decoration, "dragon and tiger flag" was used for exorcise by wizard, some used for adornment, and some for colorful light decoration, the most attention must be paid to hurricane lamp which made the paper-cut more popular.

The applique paper-cut decoration of Jizhou kiln was mostly used for inside decoration of tea bowl, which related to the flat tea cake with cutting decoration of gold foil. In the Northern Song, tea maker made wooden models of all kinds patterns, inscriptions and trademarks, and pressed them on the tea cake after it was steamed, tea making then became a kind of craft and increased the content of tea art. Jizhou kiln has some top-grade porcelain craftwomen like Shu Jiao, among them, there were experts of paper-cut, it is natural for them to adapt the familiar decoupage pattern to the porcelain manufacture.

Mostly, the paper-cut decoration on tea bowl adopt double colors, the patterns include double dragons, double phoenixes, lucky words with meaning of wealthy, longevity, health and peace, dragon chasing the pearl, double phoenixes extending the wings and plum blossoms, the composition is tidy, generous, simple and bright, have strong folk custom and vivid local feature. The applique paper-cut decoration was related to tea drinking custom, hence the patterns of dragon and phoenix were the familiar pattern on the precious tea cake of Song Dynasty. The dragon and phoenix on the regiment tea cake left precious historical data of tea culture to us.

40 黑釉剪纸贴花筒式三足炉

Black glazed tripod censer with paper-cut design

南宋（1127～1279）
Southern Song Dynasty
口径 12.5、高 9.5 厘米
1985 年江西省樟树市郊出土
现藏樟树市博物馆

　　焚香器具。平沿内折，内沿起凸棱，中腹微鼓，平底，三弓弧形矮足，造型工整。器表挂黑釉不及底，釉层较薄，炉内无釉，胎质较为疏松。器腹采用单色剪纸贴花装饰工艺贴折枝花一枝，花枝、花瓣、花叶留白，花蕊留黑釉，形成黑地白花黑蕊的多层次画面，构图简朴，制作精细，黑白对比和谐，代表了永和窑单色剪纸花装饰工艺的较高水平。

41 黑釉剪纸贴花四系长颈罐

Black glazed long-necked pot with four loop handles and paper-cut design

南宋（1127～1279）
Southern Song Dynasty
口径7.8、底径6.1、高8.5厘米
江西省星子县宋墓出土
现藏星子县文物管理所

　　贮器。大口，卷沿圆唇，长直颈，圆肩，肩部对称贴塑四个桥形系，圈足。通体施黑釉不及底，露灰白色胎。腹部剔折枝杜鹃一枝，三叶衬一花，花朵开放，花蕊留黑釉，纹样生动，朴素大方。

42 黑釉剪纸贴花朵梅纹盏

Black glazed bowl with paper-cut design of plum blossom

南宋（1127～1279）
Southern Song Dynasty
口径 12.5、底径 3.8、高 6.2 厘米
1971 年江西省南昌市征集
现藏江西省博物馆

　　饮茶器具。束口，深腹，圈足。盏内壁米黄色兔毫地釉上饰以剪纸贴花朵梅图案，十四朵梅花呈散点状均衡分布在盏内壁，画面丰满但不零乱。外壁施黑釉不及底，釉薄处呈酱褐色，露灰白色胎。散点朵梅纹是吉州窑瓷器最为常见的装饰图样之一。

参考文献

陈柏泉：《江西出土的几件宋代吉州窑瓷器》，《文物》1975 年第 3 期。

43　黑釉剪纸贴花凤蝶朵梅纹盏

Black glazed bowl with paper-cut design of double phoenixes and plum blossom

南宋（1127～1279）

Southern Song Dynasty

口径 11.8、底径 3.8、高 6.8 厘米

1958 年江西省南昌市征集

现藏江西省博物馆

　　饮茶器具。束口，口沿有数处修补痕，深腹，圈足。盏内壁米黄色兔毫地釉上饰以剪纸贴花双凤图案，衬以双蝶，采用对称平衡法构图，以内心朵梅为中心，双凤、双蝶左右上下对称，画面丰满但不零乱，主纹与地纹之间色彩对比鲜明，装饰效果好。外壁施鹧鸪纹黑釉不及底，釉薄处呈酱褐色，露灰白色胎。

　　凤纹是吉州窑瓷器最为常见的装饰图样之一，多用于彩绘和剪纸贴花两种装饰工艺，或作飞凤式，或作团凤式。飞凤以凤穿花的形式出现，作鸡首长尾、锦翎展翅形。鸾凤纹最早见于唐代铜镜，与双蝶相配，则是吉州窑的首创，鸾凤和鸣，双蝶形影不离，比喻夫妻和谐美满。

参考文献：

陈柏泉：《江西出土的几件宋代吉州窑瓷器》，《文物》1975 年第 3 期。

44 黑釉剪纸贴花单凤团花纹盏

Black glazed bowl with paper-cut design of phoenix

南宋（1127～1279）

Southern Song Dynasty

口径 11.9、底径 4、高 5.8 厘米

1975 年江西省吉安县永和窑址出土

现藏江西省博物馆

　　饮茶器具。束口，圈足，足墙较厚，足外有明显的旋削纹。盏内壁米黄色花釉上平衡分布三组团凤纹剪纸纹样，每组团花中单凤站立，凤冠高耸，细颈弯曲，长尾翻卷，毛羽后飘，显得简洁明快。外壁施半截酱褐色釉，露米黄色胎。

　　民间艺人根据剪纸纹样的需要，在规定形体范围内发挥自己的创造力，把纹样合理地组合在规定的造型中，获得丰满、完整的效果。团凤纹多采用双凤对首的团花形式，每组由上下对首的双凤组成，装饰在茶盏内壁。此盏为单凤纹，较为少见。

45 黑釉剪纸贴花双凤团花纹盏

Black glazed bowl with paper-cut design of double phoenixes

南宋（1127～1279）
Southern Song Dynasty
口径 11.8、底径 4、高 5.5 厘米
1970 年江西省安义县出土
现藏江西省博物馆

　　饮茶器具。束口，圈足，足墙较厚，足外有明显的旋削纹。盏内壁米黄色花釉上平衡分布三组团花形剪纸纹样，每组团花中双凤相对站立，喙部相接，曲颈卷尾，线条简洁明快。画面构图采用均衡的手法表现，成组的圆形图案给人以丰满之感。外壁施半截酱褐色釉，露米黄色胎。

参考文献

陈柏泉:《江西出土的几件宋代吉州窑瓷器》,《文物》1975 年第 3 期。

46 黑釉剪纸贴花三凤纹盏

Black glazed bowl with paper-cut design of three phoenixes

南宋（1127～1279）

Southern Song Dynasty

口径 16.8、底径 5.4、高 6.3 厘米

1956 年江西省余江县征集

现藏江西省博物馆

饮茶器具。束口，浅腹，圈足，足墙较厚，微外撇。盏内壁窑变花釉上平衡分布三只飞凤绕盏心盘旋，凤冠高耸，长尾翻卷，展翅飞翔。构图简练，图案新颖，秀巧纤细。外壁为鹧鸪纹黑釉，施釉不及底，胎色灰白中泛黄。此盏是存世体量最大者。吉州窑凤纹多为双凤，三凤者较为少见。

47 黑釉剪纸贴花福寿康宁纹盏

Black glazed bowl with paper-cut inscription of *"fu shou kang ning"*

南宋（1127～1279）
Southern Song Dynasty
口径 11.2、底径 3.3、高 5.7 厘米
1980 年江西省吉安县永和窑址出土
现藏江西省博物馆

　　饮茶器具。束口，深腹，假圈足。盏
内壁以浅灰色兔毫釉为地，腹中部对称分
布福寿康宁纹菱花形剪纸贴花图案三组，
外壁饰鹧鸪纹黑釉，底足露米黄色胎。

48 黑釉剪纸贴花吉语纹盏

Black glazed bowl with paper-cut inscription of auspicious word

南宋（1127～1279）

Southern Song Dynasty

口径 12.4、底径 3.3、高 6.1 厘米

1975 年江西省吉安县永和窑址出土

现藏江西省博物馆

　　饮茶器具。敛口，深腹，假圈足。盏内壁以米黄色窑变花釉为地，口沿下饰剪纸贴花花边一周，此类构图与装饰手法在吉州窑剪纸贴花装饰中少见。腹中部对称分布菱花形剪纸贴花三组，菱花内各有四字，分别为"长命富贵"、"福寿康宁"、"金玉满堂"。剪纸精细，词语吉祥，寄托了人们对未来美好生活的憧憬，富有民间气息。外壁施鹧鸪纹黑釉不及底，底足露灰白色胎。

49 黑釉剪纸贴花折枝梅纹盏

Black glazed bowl with paper-cut design of plum blossom

南宋（1127～1279）

Southern Song Dynasty

口径 11.8、底径 3.7、高 5.5 厘米

1954 年江西省南昌市伍毓瑞捐赠

现藏江西省博物馆

饮茶器具。敛口，假圈足。盏内壁鳝黄色窑变花釉上饰以三枝折枝梅剪纸纹样，采用对称平衡法构图。外壁施鹧鸪纹黑釉，底足露米黄色胎。

50　黑釉剪纸贴花折枝花纹盏

Black glazed bowl with paper-cut design of flower

南宋（1127～1279）

Southern Song Dynasty

口径11.2、底径3.8、高6厘米

现藏广东省博物馆

　　饮茶器具。束口，斜腹，圈足，外壁施玳瑁纹黑釉，底足露米黄色胎。内壁在黄色兔毫地釉上贴三枝褐色折枝花，黄褐相衬，纹饰突出。此器集玳瑁、兔毫两种窑变釉和剪纸贴花工艺于一体，釉色莹亮，十分优美。

含蓄秀丽的彩绘瓷

The Pretty and Connotative Painted Porcelain

　　宋代，社会经济繁荣，包括书法、绘画在内的文化艺术随之迅速发展，涌现出众多有一定文化水平的民间艺人，极大地丰富了社会文化市场，加之宋代几位皇帝对书画艺术的推崇，更使社会文化氛围浓厚起来。吉州窑的工匠们在磁州窑白地黑绘技法的启发下，吸收了深受人们喜爱的传统水墨画和书法艺术的技法，创造了具有水墨画风的彩绘瓷画艺术，显示出清新明快的装饰效果。黑褐色的图案装饰在米黄色的瓷胎上，黑白分明，对比强烈。其描绘的形象特征准确，生动有神，用笔一气呵成，流畅自然，充分表达出作者健康奔放的感情。其作品具有神形兼备、清新雅致、富于情趣的艺术风格，与磁州窑一起开启了我国瓷器彩绘装饰的新纪元。

　　彩绘瓷是颜色釉瓷的一种，创烧于唐代的长沙窑。吉州窑的彩绘工艺分釉上彩绘与釉下

窑址出土釉上彩绘双凤纹盏

彩绘两种，以釉下彩绘最为多见，也最具特色，与长沙窑相比，有了明显进步。釉上彩绘以草木灰为原料，绘在黑釉上，烧成后呈灰白色，亦有呈金色者，常见纹样有月梅纹、兰花纹和凤纹等，漆黑的釉面配上浅白色的月梅纹，黑白分明，潇洒明快，颇具新意。从目前所获标本看，釉上彩绘仅有黑釉盏一种器物，装饰在盏内壁。

釉下彩绘以铁元素为着色剂，故又称"铁绘"。彩绘工艺是直接在坯胎上施铁质涂料，然后施加一层透明薄釉，烧成后画面成份为三氧化二铁，其色调因含铁量的多少，以及在焙烧过程中火候的高低而产生差异，一般深者为黑色，浅者为褐色，这样，烧成的器物，白地褐花，显得清新淡雅。由于三氧化二铁比较稳定，在高温烧制中不熔不走，无晕散现象发生，依靠釉层的遮盖，经焙烧而显露明澈晶亮的艺术效果，能很好地表现出作者所要描绘的对象。其色彩在釉下不易磨损、腐蚀，色泽莹亮，经久不变，深受时人青睐，是吉州窑烧造技术上独树一帜的成就。从江西省新干县界埠公社南宋淳熙十年（1183）曾照远墓出土的跃鹿纹盖罐、南昌县"嘉定二年"（1209）墓所出跃鹿纹盖罐和莲荷纹炉等精美文物来看，釉下彩绘技术在南宋前期已达于十分娴熟、完美的程度。

彩绘瓷画作为一种依附在日用工艺品上的绘画，紧紧地与商品交换中的经济价值、日常生活中的实用功能和审美功能联系在一起。装饰内容来源于社会现实生活，艺术大师长期生活在民间，以民间一切寻常事物入画，将创作题材扩展到百姓生活的各个角落。平凡的生活场景、平民百姓的喜怒哀乐、传统习俗、自然界中的山川大地、飞禽走兽、吉祥花草，无一不是他们攫取的素材。他们以生动的社会生活和优美的江南自然景致为创作源泉，充分发挥想象力与创造力，将其概括提炼成百姓喜闻乐见的艺术形象，反映出平民百姓企盼祥和幸福的美好愿望。罐、瓶等大件器物往往在肩、颈部饰回纹、弦纹组成的带状纹，腹部饰水波纹或以对称多弧开光形式表现画面主题，内绘跃鹿、鸳鸯戏水一类图案，外面衬以水波纹、回纹、锦地纹、蕉叶纹、卷草纹、弦纹之类二方连续式纹带或散点式花边；盘类器多绘双鱼戏水；壶类器多饰双蝶、缠枝蔓草、梅花纹样；杯类器多饰宽窄弦纹、梅蝶纹；粉盒盖面多为弦纹、葵花、梅花、芦雁和乳钉纹，有的落"粉盒十分"、"尹家个"之类款识；枕边

窑址出土釉下彩绘双鱼纹盆

窑址出土釉下彩绘花卉纹粉盒盖

沿多绘宽带纹，内为三连弧与六连弧开光，内绘梅竹、松枝或吉祥花卉；炉类器颈部多饰回纹，腹部为连弧开光，内绘梅竹、莲花、兰草纹样，窗外衬以水波纹。总之，宋代的跃鹿纹、元代的水波纹是吉州窑富有个性和时代特色的装饰纹样，不见于同时期其他窑口。

吉州窑彩绘瓷，虽然胎质并不是太精细，纹饰也比较简练，但并不意味着不讲究情趣，不讲究意境。它在装饰上自有独特的韵味。其画面构思，往往根据不同的器形设计，采用白地褐彩、剔刻、开光等多种表现手法，以清新、明快的格调，展现出质朴的画面。或以二方、四方连续的多组纹样组合成精美图案，笔简意深，主题突出，使画面主次分明，层次清晰，动静结合，起伏有致，显出纤秀瑰丽、质朴自然、清新活泼、明朗健康的艺术魅力。这些图案，为了制作方便、快速，常采用"一笔点画"的画法，即意断笔不断，一笔绘到底。这种方法虽然简单，但需要绘画技艺达到一定的熟练程度，并且要一气呵成，才能气韵生动，行笔流畅。

吉州窑瓷画构图中最为独特的是开光装饰手法的运用，开光的形式有圆形、方形、长方形、银锭形、四连弧形、六连弧形、椭圆形、菱花形等。开光不仅在有效的空间内增加了纹饰的层次，而且也使图案主次分明，别开生面。以开光和边饰相结合的方式来突出主体纹样，这是前所未有的。唐代长沙窑的釉下彩绘开启了以书画装饰瓷器的先河，

窑址出土釉下彩绘回纹
（二方连续方式构图）

但从考古发掘的瓷器标本来看，在长沙窑的瓷绘艺术中，多于壶、罐的腹部及碗、碟的内壁绘婴戏人物、鸟雀动物、花草文字、云气图案等，没有主题纹饰与辅助纹饰的区分，所绘图案置于一个上下左右开放的大空间内，既无大的弦纹及边框的限制，更无小边框的分隔、围拦。吉州窑彩绘跃鹿纹盖罐，在罐身用粗细线条围出四连弧开光，开辟出一个独立空间，框外绘卷草纹作辅助纹饰，烘托出框内一只奔跑跳跃的小鹿。开光装饰手法的运用，强调了视觉注意的中心部位，突出了主题纹饰，使得整个画面主次分明、井然有序。开光装饰手法丰富了瓷绘艺术的表现技巧，拓宽了瓷绘艺术的表现题材，使得瓷绘艺术不仅能描绘出在空间中并列的事物，还能表现出时间上先后承续的情节，为元青花所继承。

釉下彩绘往往与洒釉、印花、剔花、刻花和贴花等工艺兼用，多种装饰工艺并存于同一件器物上，使产品更具观赏性。如江西省博物馆收藏的一件元代玳瑁纹彩绘秋葵纹盆，同时采用了彩绘、洒釉、剔花、刻花四种装饰工艺，整个画面笔法娴熟，线条纤细，笔力苍劲活泼，富有生气，代表了元代吉州窑的最高工艺技术成就，是不可多得的艺术珍品。

吉州窑的釉下彩绘瓷从彩绘工艺、绘画手法到题材选择都带有磁州窑釉下彩绘的痕迹，但它在继承的基础上也有发展和创新。磁州窑多以浓黑似漆的重彩绘于施有洁白化妆土的胎体上，花纹有如飞瀑直泻，粗犷豪放。吉州窑泥料较细，胎体轻薄，不施化妆土，直接在坯胎上彩绘图案烧成釉色呈红褐色，运笔细腻，施釉较薄，形成色彩柔和、含蓄秀美的瓷绘风格。其画面精细，具有

南昌县宋墓出土釉下彩绘跃鹿纹盖罐图案

南方细腻的风格，很像文人画家画的花鸟画。

吉州窑釉下彩绘瓷是一种独具地方特色的彩绘瓷，这一工艺产生于南宋，极盛于元代，所绘器物，造型、胎质、釉色、装饰纹样都很和谐，深褐或绛红色图案装饰在灰白色的坯胎上，器面光滑亮丽，而且色泽鲜艳，柔美润泽，构图简洁，布局合理，主题纹饰突出，在装饰方法上突破了传统的刻花、印花、划花、捏塑等制瓷工艺，以中国绘画中的写意表现手法和图案装饰技法，把花卉、鸟兽虫鱼、山水风景等自然景物生动地描绘在瓷器上，丰富的题材，生动的形象，浓缩的形式，凝练的笔法，明快的色调，反映了当时江南淳朴的风土人情和地域文化。

吉州窑对中国陶瓷文化的贡献是在青白瓷、黑釉瓷盛烧时期突破了历史局限，将单色釉瓷发展到彩瓷装饰阶段，并且运用诗词与书法结合手段装饰瓷器，极大地丰富和繁荣了我国瓷器的装饰技法，为元代景德镇瓷工们成功烧造清新淡雅的青花瓷做好了技术上的准备。釉下彩绘与青花瓷的区别在于彩绘颜料成分不同，一个是铁料，一个是钴料。釉下彩绘瓷的烧成，是我国制瓷史上划时代的进步，它昭示着中国陶瓷以单色釉瓷为主的历史行将结束，彩瓷飞跃发展的时代即将来临。

吉州窑是一座民间商业性瓷窑，生产不受官府约束，也不因王朝更替而停烧，只为满足不断发展变化的市场需要。窑工生活在文化昌明发达的庐陵文化区，有较高的文化修养，绘画意识来自生活，将其付诸笔端，随意点抹，自辟蹊径。对一些物像的描绘，猛一看相近，细一看却与现实中真正的形象相差得很远。他们不以技巧法式为尊重，亦不以富丽精工为崇尚，不拘泥表现对象的真实，只求表达情意而已，凭画工的个性，抒不同的胸怀。民窑生产的批量性，决定了一个艺人也许一辈子就只画几种纹样，而且为了节约时间，以得到更多的报酬，他们在绘制的过程中必须加快速度，能减就尽量减，能一笔画完的决不用两笔或三笔，在画的过程中，即使不满意，也不会去修改和重复，这样就自然地产生了随

笔转折、恣意放纵、笔意连绵、畅快淋漓的"一笔书"、"一笔画"的笔势。此时，他们也就进入任意挥洒、出神入化，物我两忘的境界，以致产生了被后人所称道的"简笔画"、"抽象化"的笔意。由于在绘制时没有拘束，而又快速落成，这些随手而出的纹样是自由奔放而没有任何做作和矫饰的，就像是从工匠们的心中自然流淌而出，透出自然健康、充满生机的美感。

吉州窑的彩绘艺术，像烂漫的山花，开在江南的山野里，它们由于朴素让人感到亲切，由于自然让人感到健康，又由于健康和亲切让人感到平安、祥和。平安、祥和就是福，就是知足，也就是中国人在生活中最企盼的，这便是民间工艺品中体现出来的一种质朴的内在美，也正是吉州窑瓷器深受欢迎、经久不衰的原因所在。吉州窑的彩绘瓷，历千年而不变，它们虽然出自民间，没有留下作者的姓名，但它们折射出来的艺术灵光，却能让我们深思，给我们启迪。

Inspired by the skill of black painting on white ground of Cizhou kiln, the craftsmen of Jizhou kiln absorbed traditional art of ink painting and calligraphy and created porcelain painted techniques, feel fresh and clear. The painted porcelain was decorated dark brown pattern on the body, the black and white contrast is clear and strong, the image has accurate characteristic and poetic charming, seems so vivid, natural and fluency, completely expressed the healthy and free emotion of the artisan, display the verve of both the form and spirit, deepen the topic of good luck, embody the elegant art style of sentiment, give people beautiful feeling and start a new era of painted decoration of China along with the Cizhou kiln.

As a kind of color glazed porcelain, painted porcelain began to fire in Changsha kiln of the Tang Dynasty. The color painted techniques of Jizhou kiln include glaze painted and underglaze painted, the latter was more common and full of feature. Glaze painted techniques use plant ash as material, and painted on the black glaze, present grayish white or gold after fired, the familiar designs include plum blossoms under the moon, orchid and phoenix patterns etc. The shallow white plum blossoms under the moon design on the pure black glaze layer, the black and white contrast is clear. According to the current specimen, glaze painted technique has one type only, it was black glazed bowl with painted decoration inside.

Underglaze painted craft use iron as coloring agent, so was also called "iron painted". It painted iron pigment on the body and covered with a thin layer of glaze, the fired painting composition is iron oxide, and the colors are diversified due to different iron content and firing temperature, present colors from black to brown, thus, the wares have brown design on the white ground, seems fresh and elegant. Due to the stability of the iron oxide, it will not be melt and rinse under the firing of high temperature, dizzy spread phenomenon will not be occur the painting seems clear and bright and well express the imagination of the artisan. The underglaze color was luster, bright and not easily to rinse, can last for a long time, which was deeply loved by contemporaries and being the unique firing technique achievement of Jizhou kiln. According to the unearthed covered jar with jumping deer design from the tomb of Zeng Zhaoyuan, Xin' gan County, Jiangxi Province, dated tenth year of the Chunxi Reign, Northern Song Dynasty (1183 A.D.), the covered jar with same design and the censer with lotus design from the tomb of Nanchang County, dated second years of the Jiading Reign (1209 A.D.), we can conclude that underglaze painted craft was already perfect in the early Northern Song Dynasty.

The design of the color painted porcelain came from real life, reflected that ordinary people are looking for peace and happiness. Generally, the jumping deer design of Song Dynasty and water ripple design of Yuan Dynasty were unique and special decoration of the Jizhou kiln, which can not seen in other kilns at the same time.

The appearance conceived according to the design demand of different types of vessels, adopt various technique of expression such as brown glaze on the white ground, sgraffito design and decorative panels, exhibited simple appearance with fresh and clear style, or constituted elegant pattern with two or four continuous patterns, with clear primary and secondary, best unity and coherence; Or treat with simple and direct method of meaningful intention, outstanding topic, suitable density and rhythm, show the art charming of beautiful, natural, simple, fresh, vivid and health style.

Decorative panel was the most special craft in painted composition of the Jizhou wares, the forms include circular, square, rectangular, silver ingot-shaped, four connected arc-shaped, six connected arc-shaped, oval and lozenge, which not only increased the layer of decoration within valid space, but also made the pattern outstanding, clear and new, made the decoration stand out with the combination of decorative panels and rim pattern, which was really unprecedented. Decorative panels enriched the porcelain painted technique, widely developed the performance topic of painted porcelain, not only described the things juxtaposed in the limited space, but also served a link between past and future, which was inherited by the blue and white glazed porcelain of the Yuan Dynasty.

Jizhou kiln was a civil commercial kiln, free from the authority, which had never been stopped during dynasty substitution and satisfied the continuously developed market demand. The artisan lived in the Luling region which has high cultural accomplishment. The painting consciousness came from real life, the artisan used brush to perform the everyday life in their own way, some depiction of things seems alike on cursory sight, and completely different from the real images, they paid not much attention to the technique and exquisite craft, not stick to the reality of the performance object, only expressed the different feeling of the artisan. Hence there were no constrain and painted quickly, these patterns were drawn with hand freely and have no any affectation, seem flow naturally from the heart of artisan. This kind of artwork created under pragmatism beauty appreciation firmly connected with ordinary people, shining the beauty of nature, children, flexible and fresh.

The underglaze color painted craft of Jizhou kiln descend the trace of Cizhou kiln in both painting skill and topic choice, got development and innovations on the heritage foundation. For Cizhou wares, vessels were mostly painted with thick black color and covered with pure white dressing powder, the design is rude and unconstrained just like the waterfall rushing down; while for Jizhou wares, the clay is fine, the body is thin and without dressing powder, painted on the body directly and become reddish brown glaze after firing, the glaze layer is fine, form a soft and pretty style, the fine appearance express the delicate style of Southern people , looks like the flower and bird painting draw by scholars. The contribution of Jizhou kiln not only broke the historical limit and developed polychrome glaze during the prosperous period of bluish white glazed porcelain and black glazed porcelain, the more important is make use of free style brushwork in traditional Chinese painting and decoration technique, which use a soft brush to paint flower, bird, animal, insect, fish and natural scenery on the porcelain vividly, it also make use of poetry and calligraphy, greatly prospered the porcelain decoration of China, made the technique base for the successful firing of fresh and elegant underglaze blue porcelain of Jingdezhen porcelain craftsmen in the Yuan Dynasty. The difference between underglaze color painted and underglaze blue porcelain is the pigment composition dissimilarity, the former with iron and the latter with cobalt. The firing of underglaze color painted porcelain is the epoch-making progress in the Chinese porcelain history, it clearly shows the history of monochrome glaze porcelain was over and the polychrome glazed age was began.

Underglaze painted porcelain of Jizhou kiln is unique and with special local feature, this craft appeared in the Southern Song Dynasty and became most prosperous in the Yuan Dynasty, the shape, body, glaze and decorations of wares are all harmonious, the dark brown or red pattern decorated on the grayish white body, feel smooth and bright, the composition is simple, the layout is reasonable, the lines flowing freely, the drawing is delicate, the pattern is beautiful and slender, the topic decoration is outstanding, the color and luster is fresh and gorgeous, soft and beautiful; Broke the traditional porcelain decoration techniques such as carved, stamped, painted, knead and engraved design, made use of traditional free style brushwork and decoration techniques in Chinese painting, vividly painted flower, bird, animal, insect, fish and natural scenery on the porcelain. The abundant topic, vivid image, concentrated form, delicate style of writing, clear tone, reserved and beautiful art style, reflected the simple customs and regional cultures in the south of Changjiang River at that time.

51 釉上彩绘双凤纹盏

Black glazed bowl with overglaze double phoenixes design

宋（960～1279）

Song Dynasty

口径 12.5、底径 3.7、高 4.9 厘米

1975 年江西省吉安县永和窑址采集

现藏江西省博物馆

饮茶器具。束口，圈足。内壁用黄色料在黑地上勾绘双凤纹。凤为鸡首长尾，双凤首尾相接，以花朵相隔，凤首均朝向盏心的花朵。构图简洁明快，笔意畅达，虽寥寥数笔，但双凤自然飘逸的动态生动传神，图案装饰味极浓，是吉州窑瓷器典型的凤纹图样。外壁施黑釉不及底，釉层较薄，露米黄色胎。

瓷器上的釉上彩绘装饰工艺，从文献记载和考古发现来看，始于宋代，定窑有釉上金彩碗，南宋周密《志雅堂杂钞》中有类似记载："金花定碗，用大蒜汁调金描画，然后再入窑烧，永不复脱。"

52 釉上彩绘双凤纹盏

Black glazed bowl with overglaze double phoenixes design

宋（960～1279）

Song Dynasty

口径11.4、底径4.2、高5.3厘米

1980年江西省吉安县永和窑址采集

现藏江西省博物馆

　　饮茶器具。束口，圈足。内壁用黄色料在黑地上绘写意双凤纹，双凤首尾相接，以花朵相隔，凤首均朝向盏心的花朵，笔简意深。外壁施黑釉不及底，釉色莹亮，露米黄色胎，淘洗欠精，胎体含沙量较大，修胎略显粗糙。

53 釉上彩绘花卉纹盏

Black glazed bowl with overglaze flower design

宋（960~1279）
Song Dynasty
口径11、底径4、高4.8厘米
1980年江西省吉安县永和窑址采集
现藏江西省博物馆

　　饮茶器具。束口，圆唇，器壁斜削，圈足。通体施黑釉，釉色偏褐，底足露米黄色胎，盏心有脐状凸起。内壁用米黄色料勾绘写意折枝花卉纹，画风简约夸张，以精练的艺术语言表现出了丰富的内涵。

54 釉上彩绘花卉纹盏

**Black glazed bowl with overglaze
flower design**

宋（960～1279）
Song Dynasty

口径 14.5、底径 3.5、高 4.8 厘米
1975 年江西省吉安县永和窑址出土
现藏江西省博物馆

　　饮茶器具。敛口，斜腹，圈足。
通体施褐釉不及底，露米黄色胎，
淘洗欠精，胎休含沙量较大。内壁
用米黄色料勾绘写意花卉纹，随意
点画，笔法简洁。

55　釉上彩绘花卉纹盏

Black glazed bowl with overglaze flower design

宋（960～1279）

Song Dynasty

口径 10.9、底径 3.8、高 3.9 厘米

1978 年江西省南昌市征集

现藏江西省博物馆

　　饮茶器具。敛口，浅腹，圈足。通体施黑釉不及底，露米黄色胎，盏心有脐状凸起。内壁一侧用米黄色料勾绘写意花卉纹，随意点画，画意清新，笔法简练。

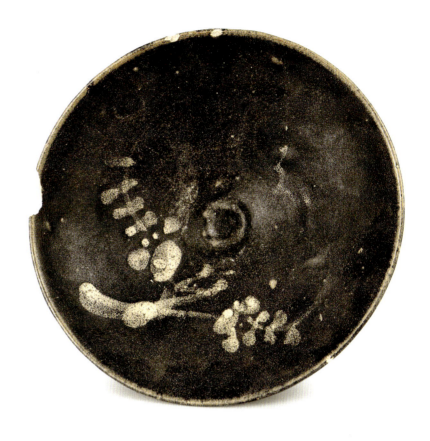

56 釉上彩绘月影梅纹盏

Black glazed bowl with overglaze design of moon and plum blossom

宋（960～1279）

Song Dynasty

口径 11.5、底径 4.3、高 4.6 厘米

1980 年江西省吉安县永和窑址出土

现藏江西省博物馆

　　饮茶器具。束口，斜腹，圈足，为宋代典型的笠式盏造型。通体施黑釉不及底，露米黄色胎。内壁用米黄色料勾绘写意月影梅纹，盏内心有脐状凸起。漆黑的底釉与浅黄色的花纹之间形成强烈对比，显得潇洒明快，虽任意点画，却颇具新意。

57　釉上彩绘月影梅纹盏

Black glazed bowl with overglaze design of moon and plum blossom

宋（960～1279）

Song Dynasty

口径 11.6、底径 3.8、高 5.5 厘米

现藏中国国家博物馆

　　饮茶器具。敛口，圈足。通体施黑釉不及底，釉面光洁，露米黄色胎。内壁用米黄色料勾绘写意折枝梅、新月和云气纹，随意点画，笔法简洁，笔力劲健，具有清雅脱俗的艺术效果。

58　釉上彩绘如意云纹盏
Black glazed bowl with overglaze *ruyi* pattern

南宋（1127～1279）
Southern Song Dynasty
口径11.4、底径3.8、高5厘米
1975年江西省吉安县永和窑址出土
现藏江西省博物馆

　　饮茶器具。束口，圈足。通体施黑釉不及底，釉色偏褐，釉层较薄，有明显的缺釉毛孔，露米黄色胎。盏内心呈脐状凸起，内壁用米黄色料满绘如意云纹。构图繁复，纹饰奇特。

59　釉下彩绘跃鹿纹盖罐

Lidded jar with underglaze brown design of jumping deer

南宋（1127～1279）

Southern Song Dynasty

口径 9.3、底径 8.4、通高 20 厘米

1975 年江西省新干县界埠公社南宋淳熙十年（1183）
曾照远墓出土

现藏新干县博物馆

　　贮器。缺盖，直颈，平肩，弧腹瘦长，圈足。颈部饰简笔卷草纹，上下界以弦纹。腹部置两个双线六连弧开光，内绘跃鹿一只，口衔瑞草，四足腾空跃起，身旁点缀小草一簇，鹿纹虽寥寥数笔，但腾跃的体态、敏捷的动作却极为传神。开光外衬以缠枝牡丹纹。开光用作主体纹饰，与开光外的地纹形成主次、虚实、疏密的对比变化，使整个画面显得活泼灵动。这种装饰工艺为景德镇元青花装饰所继承。

　　鹿在古代被视为"仁兽"，寓意太平无事，且因"鹿"与"禄"谐音，故又作为官禄的象征。鹿纹在唐代已出现，跃鹿纹是吉州窑釉下彩绘瓷最为常见的装饰图样之一，多为小鹿衔灵芝，奔跑于草丛中，生动活泼。

参考文献

杨后礼：《介绍几件吉州窑彩绘瓷器》，《文物》1982 年第 12 期。

60 釉下彩绘跃鹿纹盖罐

Lidded jar with underglaze brown design of jumping deer

南宋（1127～1279）
Southern Song Dynasty
口径10.4、底径7.8、通高19厘米
1970年江西省南昌县南宋嘉定二年（1209）陈氏墓出土
现藏江西省博物馆

　　贮器。直颈，折肩，弧腹瘦长，圈足，底足露灰白色胎，有明显的旋削痕。带盖，盖面拱起，无纽，有子口，盖面、盖沿分别饰折枝牡丹纹和卷草纹。颈部饰蔓草纹。罐腹部置两个双线四连弧开光，内绘跃鹿一只，口衔瑞草，四足腾空跃起，身旁点缀小草两簇。开光外衬以缠枝牡丹纹。这是吉州窑南宋时期的代表作，体现了当时釉下彩绘瓷的最高水平。

参考文献
陈柏泉：《江西出土的几件宋代吉州窑瓷器》，《文物》1975年第3期。

61 釉下彩绘花卉纹盖罐

Lidded jar with underglaze brown flower design

南宋（1127～1279）

Southern Song Dynasty

口径 12.2、底径 9.2、高 16 厘米

1980 年江西省吉安县永和窑址出土

现藏江西省博物馆

　　贮器。缺盖，子口，筒形深弧腹，圈足，底足露灰白色胎。罐腹部置两个双线八连弧开光，内绘折枝花卉，花开满枝，叶片舒展，开光外衬以水波纹。口沿下、下腹近底处各饰以粗细弦纹数周。

62　釉下彩绘梅纹盖罐
Lidded jar with underglaze brown design of plum blossom

南宋（1127～1279）
Southern Song Dynasty
口径 10、底径 7.6、通高 9.5 厘米
1972 江西省吉安市青原山出土
现藏江西省博物馆

　　贮器。缺盖，罐身为子口，筒形腹，中腹微鼓，平底，圈足，底足露米黄色胎。罐肩、下腹等处绘弦纹数道，器腹为两个对称的双线开光，内各绘折枝梅一枝，外衬以水波纹。

63 釉下彩绘梅竹纹盖罐

Lidded jar with underglaze brown design of plum and bamboo

南宋（1127～1279）
Southern Song Dynasty
口径9.5、底径7.5、通高10.5厘米
1972年江西省吉安市青原山出土
现藏江西省博物馆

　　贮器。器盖为母口，盖面微隆，绘折枝梅、竹。罐身为子口，筒形腹，中腹微鼓，平底，圈足，造型规整。胎色灰白，不坚致，罐内壁有明显的旋轮纹痕。盖缘、罐肩、下腹等处绘弦纹数道，器腹为两个对称的双线开光，内各绘折枝梅一枝，外衬以水波纹。整器图案疏朗，主题鲜明。

参考文献

唐昌朴：《介绍江西出土的几件瓷器》，《文物》1977年第4期。

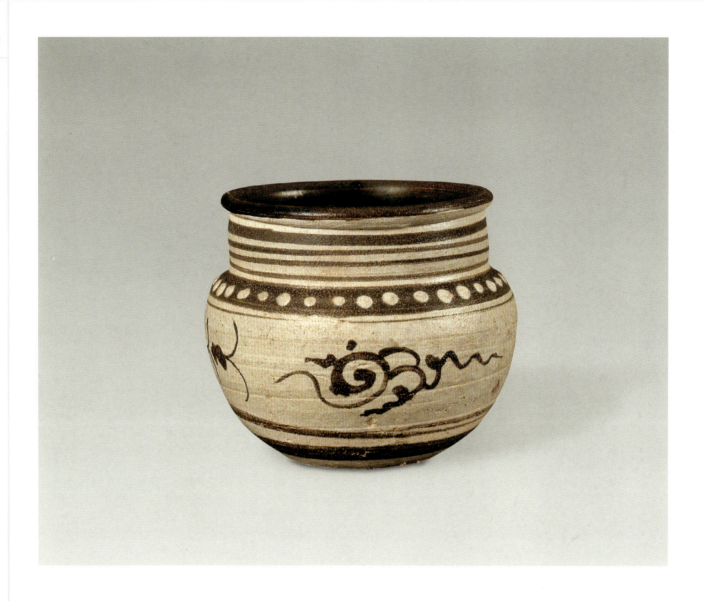

64 釉下彩绘鼓钉纹长颈罐

Jar with nipple protrusion and underglaze brown design

南宋（1127～1279）

Southern Song Dynasty

口径 8.1、底径 4.7、高 7.4 厘米

1984 年江西省高安市兰坊乡征集

现藏高安市博物馆

　　贮器。唇口，直颈，窄肩，圆鼓腹，假圈足。颈部绘四道弦纹，肩部饰褐地白釉鼓钉纹一周。腹部对称安排蝴蝶纹、云气纹，下腹绘宽线弦纹一周。

参考文献

杨道以：《元吉州窑彩绘鼓钉纹罐》，《中国文物报》1996 年 3 月 24 日。

65 釉下彩绘卷草纹罐
Jar with underglaze brown design of scrolling leaf

南宋（1127～1279）
Southern Song Dynasty
口径 2.4、底径 3.6、高 7.2 厘米
1971 年江西省德安县征集
现藏江西省博物馆

　　贮器。卷沿，圆唇，短颈，丰肩，腹微鼓，假圈足。通体白釉褐彩，底足露胎。肩部绘弦纹二周，腹部满绘卷草纹，上下界以宽线弦纹。

　　卷草纹又称"卷叶纹"或"卷枝纹"，由忍冬纹发展而来，唐代始见于越窑瓷器上，日本人称之为"唐草纹"。卷草纹是吉州窑最为常见的装饰图样之一，或二方连续，或四方连续，或以对称的方式装饰在器物上作主纹，或作为边饰。宋代除吉州窑外，耀州窑、磁州窑、扒村窑等亦广泛使用卷草纹，元代以后盛行于景德镇窑。

参考文献
杨后礼：《介绍几件吉州窑彩绘瓷器》，《文物》1982 年第 12 期。

66　釉下彩绘花卉纹长颈罐

Long-necked jar with underglaze brown design of flowers on a trellis ground

南宋（1127～1279）
Southern Song Dynasty
口径 10.5、底径 6.3、高 10.5 厘米
江西省星子县宋墓出土
现藏星子县文物管理所

　　贮器。卷沿，圆唇，长直颈，溜肩，鼓腹，圈足，造型敦厚古拙。颈部、下腹近底处各绘数道弦纹，腹部两个双线开光内绘折枝花卉，外衬以水波纹。颈部数道弦纹所产生的视觉差使人不觉其颈长，罐腹扁长方形开光又使人不觉其腹矮。

67 釉下彩绘水波纹罐

Underglaze brown jar with wave design

元大德十一年（1307）
Yuan Dynasty
底径 12.8、高 20 厘米
1983 年江西省吉安县吉州窑遗址采集
现藏江西省吉安县文物管理所

　　贮器。敛口，短颈，平沿，溜肩，球腹，圈足，口及上腹部分残缺。罐外壁薄施一层白釉，器内无釉，有明显的旋削纹，底足露胎，系用大于圈足的垫瓶、匣钵装烧而成。通体褐彩，共有四组纹饰，各组纹饰之间以粗细弦纹间隔，颈部饰卷草纹一周。肩部褐彩书写"用称心买卖答者。丁未岁下市朱有成用工"铭纹一周。腹部绘水波纹，中间有一个长方形开光，内彩书"入敬神会，永充供养者。"上部两边绘以荷叶，下部托以莲花。下腹部饰以卷草纹一周。水波纹、卷草纹都是元代吉州窑常见的装饰图案，因而这件罐当是元代产品，元代享祚 70 年，只有一个丁未年，可推知该罐作于元成宗大德十一年（1307），是目前为止唯一有确切纪年的吉州窑元代釉下彩绘瓷，可以作为同类器的断代坐标。

参考文献

王允吉:《江西省吉安县发现吉州窑瓷器》,《考古》1991 年第 10 期。

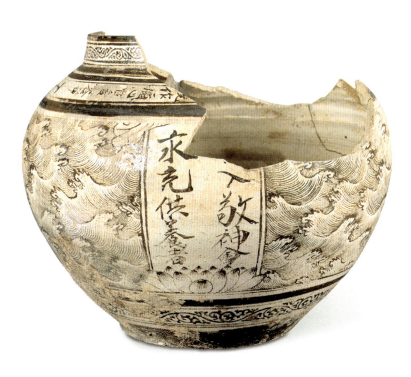

68　釉下彩绘月影梅纹鸟食罐

Jar with underglaze brown design of moon and plum blossom

元（1279～1368）
Yuan Dynasty
口径6.4、底径5、高2.2厘米
1971年江西省永丰县佐龙公社棱溪大队元延祐五年（1318）墓出土
现藏江西省博物馆

　　鸟食器。圆形，直口，弧壁，旁置一龟头纽。外底面微隆起，彩绘简笔月影梅纹，绕以弦纹一周，眉月高悬，云气流动，梅花绽放枝头，用笔简练。内底无釉，中心用褐彩直行书写二字，字迹模糊。

参考文献

杨后礼：《永丰县元代延祐五年墓出土的文物》，《江西历史文物》1983年第4期。

69　釉下彩绘水波纹长颈瓶

Long-necked vase with underglaze brown wave design

南宋（1127～1279）

Southern Song Dynasty

口径3.2、底径5.9、高14.8厘米

1980年江西省吉安县永和窑址出土

现藏江西省博物馆

　　陈设器。小侈口，束颈细长，溜肩，圆腹微鼓，圈足微外撇，底足露灰白色胎，挖足略显粗糙。颈部饰飞蝶一对，上下界以两组弦纹。瓶腹绘水波纹。

70　釉下彩绘跃鹿纹长颈瓶

Long-necked vase with underglaze brown deer design

南宋（1127～1279）

Southern Song Dynasty

口径 4、底径 7.8、高 18.9 厘米

1977 年江西省樟树市征集

现藏江西省博物馆

　　陈设器。小口，卷沿，圆唇，长颈，鼓腹下垂，圈足微外撇，露灰白色胎。颈部饰回纹一周，界以二道宽线弦纹。腹部绘两个对称的双线四连弧开光，内绘口衔瑞草的跃鹿一只，小草一丛，外衬以缠枝牡丹纹。缠枝牡丹纹的风格与新干界埠公社出土的跃鹿纹盖罐相近，时代亦应相当。

参考文献

杨后礼：《介绍几件吉州窑彩绘瓷器》，《文物》1982 年第 12 期。

71 釉下彩绘花鸟纹长颈瓶

Long-necked vase with underglaze brown design of flower and magpie

南宋（1127～1279）
Southern Song Dynasty
口径2.2、底径4.4、高12.7厘米
1998年江西省吉安市征集
现藏吉安市博物馆

陈设器。直口，长颈，垂腹，圈足，底足无釉，露灰白色胎。腹部一面绘花鸟纹及折枝桃花一枝，桃花绽放枝头，叶嫩花肥，枝上立一喜鹊，抬头张嘴，欢快鸣唱，鹊眉、翅羽及花蕊用剔釉法留白，画面纹路清晰。腹部另一面绘折枝梅、竹。颈部饰弦纹七周。该器造型优美，构图精巧，纹饰布局合理，花小鹊大，主题突出，桃枝摇曳，喜鹊鸣唱，展现出一派生机盎然、前程似锦的喜庆景象。

参考文献

中国国家博物馆、吉安市博物馆：《吉州窑》67页，中国社会科学出版社，2004年。

72　釉下彩绘花鸟纹长颈瓶

Long-necked vase with underglaze brown design of flower and magpie

南宋（1127～1279）

Southern Song Dynasty

口径 4.2、底径 6、高 17.9 厘米

1979 年江西省九江市国棉三厂基建工地出土

现藏九江市博物馆

　　陈设器。侈口，长颈，垂腹，矮圈足，底足无釉，露灰白色胎，胎质细腻，釉薄匀净。颈部饰弦纹六周，下腹部绘弦纹二周，圈足外壁满绘褐彩，腹部主题纹饰一面绘花鸟纹，折枝桃作左出上折式，桃花开放，叶片伸展有力，花叶俯仰掩映，枝上立一喜鹊，昂首作鸣叫状，鹊眉、翅羽及花蕊用剔釉法留白，纹路清晰，活灵活现，似闻之有声。另一面绘梅竹纹，衬以蝴蝶两只。微风中碧桃枝繁叶茂，花蕾开放，似嗅之有香，富有生活韵味。

　　宋代以来，由于受文人画影响，瓷器装饰中开始流行花鸟纹，以磁州窑、吉州窑产品最具代表性。花鸟纹题材丰富，如荷塘双鸭、喜上眉梢等。

参考文献

卢亭风：《九江市郊出土的两件吉州窑瓷器》，《江西历史文物》1981 年第 1 期。

73 釉下彩绘卷草纹瓶

Vase with underglaze brown design of scrolling leaf

南宋（1127~1279）

Southern Song Dynasty

口径 8.8、底径 10.7、高 32.7 厘米

1979 年江西省九江市江西省财经会计学校基建工地出土

现藏九江市博物馆

　　贮器。盘口，短颈，丰肩，腹修长，假圈足。造型端庄挺拔，制作精良，釉色润泽。通体满饰花卉，以弦纹将纹饰分为三层，肩部绘重瓣莲纹，瓶腹绘卷草纹，胫部绘回纹，界以弦纹。画面布局匀称，疏密有致，线条流畅，舒卷自如，绵延不断，没有止境，螺旋形的曲线并有放射状的短线，构成工整细致的图案，繁而不乱。

参考文献

户亭风：《九江市郊出土的两件吉州窑瓷器》，《江西历史文物》1981 年第 1 期。

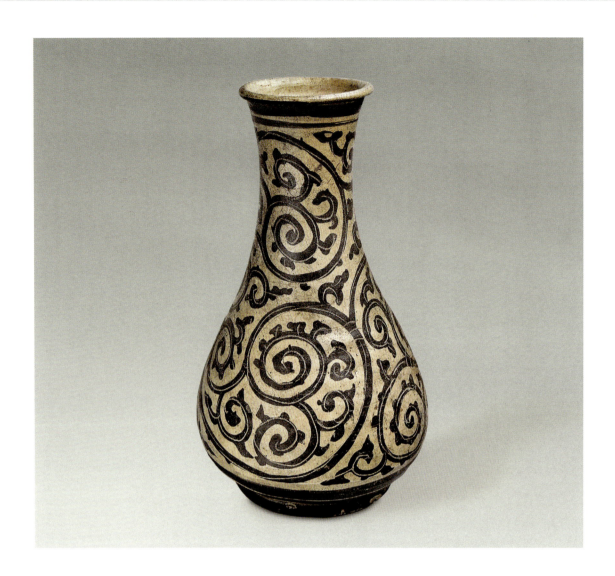

74 釉下彩绘卷草纹长颈瓶

Long-necked vase with underglaze brown design of scrolling leaf

南宋（1127～1279）
Southern Song Dynasty
口径6、底径9、高20.8厘米
江西省新干县出土
现藏新干县博物馆

　　陈设器。侈口，束颈，垂腹，圈足，造型优美，制作精良。除口沿下、下腹近底处饰褐彩外，通体满绘卷草纹，线条粗犷，螺旋形蔓延，附加点缀装饰，再以刀在线条中部剔釉留白。笔触意致带着奔放豪爽的感情，画时成竹在胸，一气呵成，用笔如风卷云舒，十分老练纯熟，虽然大体上是规整的图案，但是在整齐中求变化，画风活泼，透出流动的美，具有极好的装饰效果，是吉州窑彩绘瓷中的上乘之作。

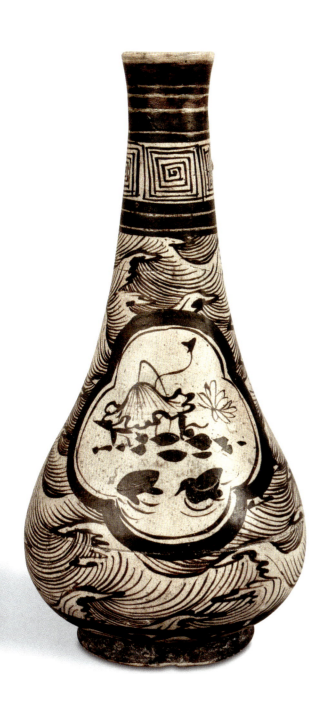

75 釉下彩绘莲池鸳鸯戏水纹长颈瓶

Long-necked vase with underglaze brown design of lotus and mandarin ducks

南宋（1127～1279）
Southern Song Dynasty
口径 2.9、底径 5.8、高 17.1 厘米
1980 年江西省吉安县永和窑址出土
现藏江西省博物馆

　　陈设器。直口，长颈，溜肩，椭圆形腹，圈足，足墙较厚，底足无釉，露灰白色胎。颈部饰回纹一周，界以弦纹。腹部绘两个对称的双线四连弧开光，内绘荷花和鸳鸯戏水纹，鸳鸯形影相随，悠闲自在，富有浓郁的民间生活气息。外衬以水波纹。胫部绘仰莲纹一周。整器造型优美，纹饰繁缛，布局合理，描绘生动，主题突出。

76　釉下彩绘鸳鸯纹长颈瓶

Long-necked vase with underglaze brown design of mandarin ducks

南宋（1127～1279）

Southern Song Dynasty

口径 5.6、底径 8.6、高 19.8 厘米

现藏广东省博物馆

　　陈设器。直口，短颈，鼓腹下垂，圈足，圈足外壁满绘褐彩，底足无釉，露灰白色胎。口沿下饰卷草纹带，颈部饰回纹带，间以弦纹，下腹近底处绘双线莲瓣纹一周，腹部主题纹饰为两个双线六连弧开光，开光外衬以锦地纹，其一画鸳鸯水草，另一绘鸳鸯芦苇，水波泛起，以写意手法，仅寥寥数笔，便勾画出两对鸳鸯在芦苇、水草中游戏的场景，形象十分生动，饶有情趣。画面构图丰满，纹饰精细，布局严谨，主题突出，为吉州窑釉下彩绘瓷之精品。

77 釉下彩绘兰草纹瓶

Vase with underglaze brown orchid design

南宋（1127～1279）

Southern Song Dynasty

口径3、底径5、高15厘米

1989年南昌市铁路公安处移交

现藏江西省博物馆

　　陈设器。卷沿，圆唇，长直颈，丰肩，鼓腹下收，假圈足。口沿、颈部、下腹等处绘褐彩，肩部绘弦纹三周，腹部主题纹饰为折枝兰草两枝，叶茎舒展，花朵绽放，衬以蝴蝶，蝶舞花间，一动一静，相映成趣。

78 釉下彩绘水波纹长颈扁腹瓶

Long-necked vase with underglaze brown wave design

元（1279～1368）

Yuan Dynasty

口径2.8、底径5.3、高13.6厘米

现藏中国国家博物馆

　　陈设器。小口，细长颈，扁圆腹，圈足，底足无釉，露灰白色胎。口沿下绘褐彩，其余部位满绘水波纹，用笔简练，苍劲有力。器体不大，气势不凡，细线水波，起伏不定，粗线浪头，汹涌澎湃，渲染出波涛万里、涛声阵阵的意境。造型别致，描绘精细，纹样素雅古朴，堪称精品。

参考文献

中国国家博物馆、吉安市博物馆：《吉州窑》70页，中国社会科学出版社，2004年。

79 釉下彩绘水波纹长颈扁腹瓶

Long-necked vase with underglaze brown wave design

元（1279～1368）

Yuan Dynasty

口径2.8、底径5.2、高14厘米

1967年南昌市出土

现藏江西省博物馆

　　陈设器。小口，细长颈，扁圆腹，圈足，底足无釉，露灰白色胎。口沿下、圈足绘褐彩，其余部位满绘水波纹，波兴浪卷，翻滚奔腾，笔势的顺逆往返，运笔的轻重缓急，线条的粗细疏密，都有强烈的节奏和韵律，可以明显看出中国写意画的影响。成对出土，比较难得。

参考文献

陈柏泉：《江西出土的几件宋代吉州窑瓷器》，《文物》1975年第3期。

80 釉下彩绘梅竹纹梅瓶

Meiping with underglaze brown design of plum and bamboo on a trellis ground

元（1279～1368）
Yuan Dynasty
口径 4.7、底径 5.7、高 17 厘米
江西省吉安县征集
现藏吉安县博物馆

　　陈设器。小口，卷沿，圆唇，长颈，丰肩，弧腹下收至底，假圈足，造型浑厚。胎质灰白，瓶外壁薄施一层白釉，器内除口部外无釉。通体褐彩，颈部饰二道弦纹，颈以下由四道弦纹分割成三组纹饰，肩部饰双线重瓣莲纹。腹部对称安排两个三周八连弧开光，中间一周线条特别粗，内绘月影梅纹，老梅一枝右横出，枝桠顺势穿插，梅花含笑枝头，花朵偃仰反正，映带有情，再配以新月，构成一幅雅致的月影梅纹图。外衬以锦地纹。下腹饰回纹一周。构图繁而不乱，画艺娴熟。

参考文献

王允吉：《江西省吉安县发现吉州窑瓷器》，《考古》1991 年第 10 期。

81 釉下彩绘如意云气纹瓶

Vase with underglaze brown design of *ruyi*

元（1279～1368）
Yuan Dynasty
口径7、底径10、高23厘米
1976年江西省樟树市永太孔埠中学基建工地
出土
现藏樟树市博物馆

　　陈设器。敞口，卷沿，尖圆唇，短
颈，溜肩，鼓腹，假圈足。通体施黑釉
为地，口沿以黄釉点缀，颈部饰回纹，
腹部以黄釉绘如意形云气纹，布局匀
称，纹饰奇特。

参考文献

黄冬梅:《江西清江出土的几件吉州窑瓷器》，
《文物》1987年第5期。

82 釉下彩绘琮式瓶

Cong-shaped vase with underglaze brown design

元（1279~1368）
Yuan Dynasty
口径 2.9、底径 5.7、残高 16.5 厘米
1997 年江西省吉安县永和窑址采集
现藏吉安市博物馆

　　陈设器。作玉琮式，口部残损，方柱形深腹，圈足外撇，形制古朴，稳重大方。通体满花，瓶口、下腹绘双线复层莲瓣纹带一周，上下界以弦纹，瓶腹主体纹饰为菱花形织锦纹，构图繁密规整，华丽精致。圈足绘弦纹数道。

　　锦纹一般装饰在瓶、罐类器的肩部或碗、盘的口沿作边饰，或作为地纹，此器以锦纹作主纹，极为少见。琮式瓶是南宋龙泉窑创烧的瓶式，作圆口、方腹、圈足，器身四面有凸起的横纹，吉州窑琮式瓶少见，系海内孤品。

83 釉下彩绘花卉纹盂

Bowl with underglaze brown flower design

南宋（1127～1279）
Southern Song Dynasty
口径5.5、底径3.2、高4.7厘米
1974年湖口县征集
现藏江西省博物馆

　　文具。敛口，丰肩，浅鼓腹，假圈足，口沿、底足无釉，露灰白色胎。肩部、下腹近底处各绘弦纹一周，腹部绘花卉纹二组，茎细叶宽，蝶舞其间，构图简洁，布局疏朗，显得简练而秀雅。

　　吉州窑彩绘题材广泛，不拘一格，山川草木、鸟兽虫鱼，信手拈来，皆成图画，笔画随意，风格朴实，体现了它的民间特色。

84 釉下彩绘花卉纹盂

Bowl with underglaze brown flower design

南宋（1127～1279）

Southern Song Dynasty

口径5、底径3.2、高5.3厘米

1986年江西省新干县宋墓出土

现藏新干县博物馆

文具。直口，圆唇，丰肩，浅鼓腹，圈足，口沿、底足无釉，露灰白色胎。肩部、下腹近底处各绘弦纹一周。腹部安排两个对称双线椭圆形开光，内绘简笔花卉纹，外衬以水波纹。画面用笔流动俊爽，意境幽远。

参考文献

中国国家博物馆、吉安市博物馆：《吉州窑》71页，中国社会科学出版社，2004年。

85 釉下彩绘花卉纹盂

Bowl with underglaze brown flower design

南宋（1127～1279）
Southern Song Dynasty
口径6.3、底径4、高6厘米
1981年江西省吉安市征集
现藏吉安市博物馆

文具。矮颈，丰肩，球腹，圈足。釉色白中闪黄，釉层较薄。肩部施三周弦纹。腹部对称安排两个双线八连弧开光，内绘折枝梅、竹纹，外衬以锦地纹。

参考文献

陈华珍：《宋吉州窑彩绘锦地开光罐》，《南方文物》1998年第1期。

86 釉下彩绘凤穿菊花纹束腰形枕

Pillow with underglaze brown design of phoenix amid chrysanthemum

南宋（1127～1279）

Southern Song Dynasty

长 23、宽 8～11、高 11 厘米

1982 年江西省新余市渝水区基建工地采集

现藏新余市博物馆

　　寝具。长方形，束腰，内空。胎质坚硬，胎色灰白，薄施白釉，系先制作瓷板，再粘结成器，枕一侧有支烧痕和排气孔。枕腰四面呈弧形内凹，六个面相交处均绘褐彩宽边，形成六个开光，枕面、枕侧长方形开光内分别满绘菱形锦地朵菊纹、锦地纹、凤穿菊花纹，两侧立面呈正方形，绘折枝牡丹纹。图案清秀明丽，笔力苍劲，笔法流畅，布局得当，雅而不俗。

　　束腰形枕，又称亚腰形枕，枕的侧面为正方形，其余四面均内曲，最早见于唐代晚期，宋代特别盛行，只是受宋人审美观的影响，腰逐渐变细，至金、元时期仍然比较常见，南北各地窑场多有烧造。这种枕造型合理，使用时可以四面翻转，王安石极为喜爱此式枕，有诗云："夏日昼睡，方枕为佳，问其何理？日睡久气蒸热，则转一方冷处，是则真知睡者也"。

参考文献

胡小勇：《新余出土宋代吉州瓷枕》，《中国文物报》1989 年 8 月 25 日。

邱向军：《刍议中原地区的瓷枕》，《中原文物》1994 年第 1 期。

赵詹危：《云麓漫超》卷 14。

87 釉下彩绘兰花纹束腰形枕

Pillow with underglaze brown orchid design

南宋（1127～1279）
Southern Song Dynasty
长 21.8、宽 8～10.4、高 8.9 厘米
1982 年江西省新余市渝水区基建工地采集
现藏江西省博物馆

　　寝具。长方形，束腰，内空。胎质坚硬，胎色灰白，薄施白釉，枕一侧有支烧痕和排气孔。枕腰四面呈弧形内凹，六个面相交处均绘褐彩宽边，形成六个开光，枕面、枕侧分别绘水波纹和折枝兰花，六面三景，各具魅力。全器造型端庄，制作精良，纹饰纤细，美观大方，达到了美观与实用的统一。

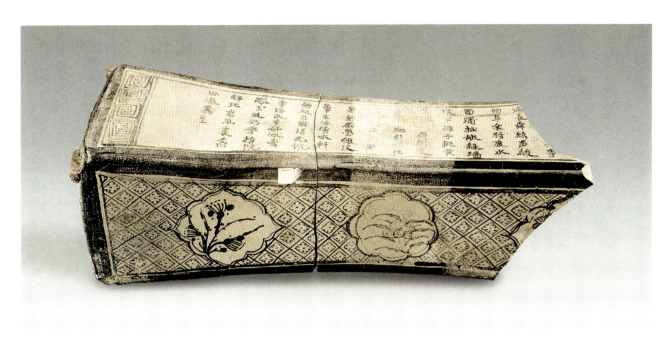

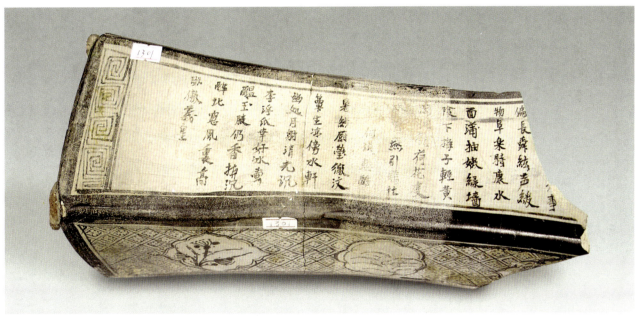

88　釉下彩绘诗文束腰形枕

Pillow with underglaze brown inscription of poem

南宋（1129～1279）
Southern Song Dynasty
残长35、宽12、高12.8厘米
1980年江西省吉安县永和窑址出土
现藏吉安市博物馆

　　寝具。长方形，束腰，内空。胎质坚硬，胎色灰白，薄施白釉，枕一侧有四个支烧痕。枕腰四面呈弧形内凹，五个面相交处均绘褐彩宽边，形成五个大开光，四个长方形面内分别绘锦地开光花卉纹和诗文，其中一面词牌为《踏莎行》。枕侧绘折枝花卉。

89 釉下彩绘莲荷纹三足炉

Tripod censer with underglaze brown lotus design

南宋（1127～1279）

Southern Song Dynasty

口径 10.4、底径 7.3、通高 6.8 厘米

1970年江西省南昌县罗家集南宋嘉定二年（1209）陈氏墓出土

现藏江西省博物馆

焚香器具。平沿内折，筒形腹，中腹微鼓，下腹内收，平底，下承三个矮足。胎质灰白细腻，外施白釉。沿面绘卷草纹，口部、下腹各有回纹带一周，界以弦纹。中腹施酱褐釉为地，以二方连续的缠枝手法绘白色荷莲纹一周，叶面卷起，莲花盛开，莲蓬饱满，纹饰生动逼真，笔法娴熟，精致典雅。

莲荷纹是吉州窑瓷器最为常见的装饰图样之一，表现形式不一，或缠枝，或折枝，或丛生，以莲叶、荷花、莲蓬装饰在同一个画面中最为常见，有白地黑花、黑地白花两种方式，以褐托白的表现手法，使得主题更加鲜明突出。此件炉为白地黑花与黑地白花并用，极为少见，在同一器物上用两种相反的画法更为少见，是吉州窑彩绘瓷之佳作。

参考文献

陈柏泉：《江西出土的几件宋代吉州窑瓷器》，《文物》1975年第 3 期。

90 釉下彩绘芦苇纹三足炉

Tripod censer with underglaze brown bulrush design

南宋（1127～1279）

Southern Song Dynasty

口径9.5、通高9.3厘米

1979年江西省樟树市永泰镇车埠出土

现藏樟树市博物馆

　　焚香用具。敛口，平沿内折，筒形腹微鼓，平底，三矮足微外撇，胎色白中泛黄。口沿下、下腹近底处各饰弦纹四道，炉腹部安排两个对称双线椭圆形开光，内绘简笔折枝芦苇一枝，外衬以水波纹。芦苇寥寥几笔，落落大方。

参考文献

黄冬梅：《江西清江出土的几件吉州窑瓷器》，《文物》1987年第5期。

91 釉下彩绘芦苇纹三足炉

Tripod censer with underglaze brown bulrush design

南宋（1127～1279）

Southern Song Dynasty

口径12、底径10、通高10厘米

江西省新干县出土

现藏新干县博物馆

　　焚香用具。敛口，平沿内折，筒形腹微鼓，平底，三矮足微外撇，胎色白中泛黄。沿面、口沿下、下腹近底处各饰弦纹数道，炉腹部安排两个对称双线四连弧开光，外侧一圈特别宽，内绘简笔芦苇，茎小叶宽，外衬以水波纹。

92 釉下彩绘水波纹鬲式炉

Tripod censer with underglaze brown wave design

南宋（1127～1279）

Southern Song Dynasty

口径12.1、通高9.4厘米

1977年江西省樟树市征集

现藏江西省博物馆

　　焚香器具。平沿外折，圆唇，直颈，溜肩，鼓腹，下腹急收，三乳状足微外撇，涂抹褐彩，给人以稳重感。沿面绘变形回纹，颈部饰弦纹五周，腹部绘水波纹，三足间以开光形式各绘写意螺旋形菊花一朵，纹饰繁缛。水波纹的风格与吉州窑遗址采集的元大德十一年（1307）水波纹罐相近，时代亦应相当。

参考文献

杨后礼：《介绍几件吉州窑彩绘瓷器》，《文物》1982年第12期。

93 釉下彩绘水波纹鬲式炉

Tripod censer with underglaze brown wave design

南宋（1127～1279）

Southern Song Dynasty

口径 11、底径 5.8、通高 6.5 厘米

1975 年江西省新干县征集

现藏江西省博物馆

　　焚香器具。平沿外折，方唇，直颈，溜肩，浅腹，下腹急收成小平底，三乳状足外撇，施褐彩。沿面绘几何纹，颈部饰弦纹数周，腹部绘水波纹，二足间各绘写意卷草纹。

94 釉下彩绘卷草纹鬲式炉

Tripod censer with underglaze brown design of scrolling leaf

南宋（1127～1279）
Southern Song Dynasty
口径9.6、底径4.6、通高5.6厘米
1975年江西省新干县征集
现藏江西省博物馆

　　焚香器具。平沿外折，厚方唇，直颈，窄溜肩，弧腹外鼓，下腹急收，三乳状足外撇，造型古朴。沿面绘几何纹，唇部、颈部、肩部绘弦纹，足部以褐彩勾绘，二足间各绘卷草纹。炉底露胎，胎色白中泛黄。

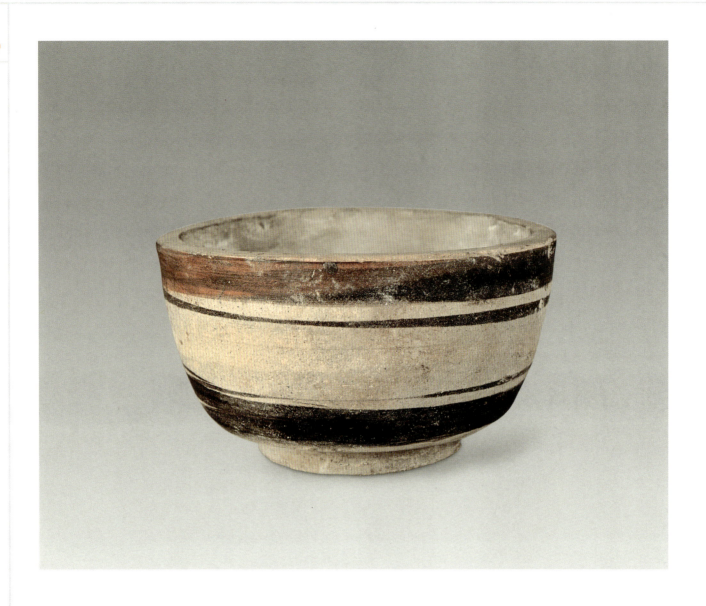

95 釉下彩绘弦纹筒式炉

Cylindrical censer with underglaze brown string design

元（1279～1368）

Yuan Dynasty

口径 10.4、底径 5.5、高 5.5 厘米

1980 年江西省吉安县永和窑址出土

现藏江西省博物馆

　　焚香用具。直口，筒形腹，圈足，底足露灰白色胎。口沿下、胫部各绘粗细弦纹数道，装饰简洁朴素。

96 釉下彩绘水波纹炉

Censer with underglaze brown wave design

元（1279～1368）

Yuan Dynasty

口径 20.6、底径 13.4、通高 17.2 厘米

1966 年江西新干县城东宝塔山出土

现藏江西省博物馆

　　焚香用具。敞口，平折沿，方唇，斜腹，下置凸棱形腰箍，圈足外撇。通体彩绘，共六组，沿面绘卷草纹，上腹绘水波纹，腰箍绘双线复层莲瓣纹一周，下腹绘锦地纹，圈足绘回纹，足沿为褐地白花"S"形纹，各组纹样间以弦纹相间，线条流畅，纹样清晰，主次分明，繁而不乱，是一件典型的元代吉州窑彩绘瓷珍品。

参考文献

唐昌朴：《介绍江西出土的几件瓷器》，《文物》1977 年第 4 期。

97 釉下彩绘莲荷纹三足炉

Tripod censer with underglaze brown lotus design

元（1279～1368）

Yuan Dynasty

口径 20.5、底径 13.6、通高 15.9 厘米

1990 年江西省宜春市元代窖藏出土

现藏宜春市博物馆

　　焚香用具。敛口，束颈，鼓腹，平底，三只乳状矮足微外撇，施褐彩。底足露胎，白中泛黄。颈部、下腹近底处各饰弦纹数道，炉腹部安排两个对称三周连弧开光，中间一周稍宽，内浓抹重彩的荷叶上托一朵盛开的淡描莲花，外衬以锦地纹。

参考文献

谢志杰、王虹光：《江西宜春市元代窖藏清理简报》，《南方文物》1992 年第 2 期。

98 釉下彩绘双鱼纹盆

Basin with underglaze brown double fish design

元（1279～1368）

Yuan Dynasty

口径 25.3、底径 14.6、高 6.7 厘米

1980 年江西省吉安县永和窑址出土

现藏江西省博物馆

　　水器。直口，方唇，浅弧腹，圈足，造型挺拔。圈足露胎，呈灰白色，施白釉。内底勾绘双鱼同向游于水草中，鱼尾上翘，口吐水泡，活灵活现，给人以静中有动的感觉，外绕以弦纹三周。内壁满绘荷花纹，花蕊采用剔釉手法装饰。口沿饰弦纹，外壁绘简笔卷草纹三组，共同构成了一幅鱼游荷塘图，极富民间生活气息。构图繁而不乱，线条粗犷，笔力苍劲，形象逼真，带有明显的水墨画风格。画面轻松活泼，充满动感和节奏感，笔调酣畅简练，盆内盛水后，确有"如鱼得水"的艺术效果。剔釉留白处娴熟纤细，色彩绚丽，代表了吉州窑彩绘瓷的较高艺术水准。

　　鱼纹是吉州窑瓷器较为常见的装饰图样之一，也是宋代瓷器中常见的装饰图样。

99 釉下彩绘秋葵纹盆

Basin with underglaze brown abelmosk blossom design

元（1279～1368）

Yuan Dynasty

口径 27.3、底径 13.6、高 5.7 厘米

1980 年江西省吉安县永和窑址出土

现藏江西省博物馆

　　水器。敞口，平折沿，圆唇，浅弧腹，平底，圈足，底足露灰白色胎，造型端庄，釉色莹润。内外壁施玳瑁纹窑变结晶釉，内底开光内彩绘折枝秋葵，花茎用刻划法阴线刻，叶脉用剔釉装饰手法剔除釉层，露出灰白色的胎子。这件器物同时采用了彩绘、洒釉、剔花、刻花四种装饰工艺。整个画面，图案写实，描绘工整，笔法娴熟，线条纤细，笔力苍劲活泼，富有生气，代表了元代吉州窑的最高工艺技术成就，是不可多得的艺术珍品。

100 釉下彩绘花卉纹盆

Basin with underglaze brown flower design

元（1279～1368）

Yuan Dynasty

口径26.5、底径16.5、高6.9厘米

1980年江西省吉安县永和窑址出土

现藏江西省博物馆

　　水器。敞口，宽沿平折，尖圆唇，浅弧腹，平底，圈足，底足露灰白色胎。盆内、外壁各绘写意折枝花卉，上下界以弦纹。

101 釉下彩绘凤穿牡丹纹六方盆

Hexagon basin with underglaze brown design of phoenix amid flower

元（1279~1368）

Yuan Dynasty

口径 20.5、底径 13.6、通高 15.9 厘米

1990 年江西省宜春市元代窖藏出土

现藏宜春市博物馆

　　贮器。长六边形，敞口，斜腹，平底，下承六只乳钉矮足，足微外撇，器形少见。器内壁、底足露胎，白中泛黄。每个面四边彩绘形成开光，两个长方形开光内绘双凤穿花纹，相向盘旋，高冠细颈，长尾飘逸，展翅飞翔。另四个短面开光内绘玉兰、牡丹、荷花和梅花四季花卉，作折枝式，花朵开放。梅花瓣留白勾边的画法，与吉州窑南宋同类器不同，与元青花梅花的画法相同。

参考文献

谢志杰、王虹光：《江西宜春市元代窖藏清理简报》，《南方文物》1992 年第 2 期。

朴拙传神的雕塑瓷

The Rustic and Vivid Porcelain Sculpture

　　雕塑瓷是瓷器中的一个重要品种。陶塑产生于新石器时代,江西商代吴城文化时已有原始瓷塑,晋代洪州窑生产的青瓷谷仓盖上常饰以堆塑人物纹和鸟兽纹。宋代江西吉州窑、湖田窑、白舍窑等窑场均大量生产供人们观赏把玩的雕塑瓷,以满足人们的文化艺术需求。吉州窑的瓷塑因巧拙相生的造型手法所产生的灵动感和充满纯民间意味的表现形式所营造出的艺术形象,而具有某种超越时代的永恒性,在风格和气韵上使人耳目一新,成为民窑瓷塑中独步一时的杰作。吉州窑的瓷塑玩具以宋代瓷塑艺术大师舒翁、舒娇父女所制者最精,据《景德镇陶录》记载:"吉州窑昔有五窑,五窑中唯舒姓烧者颇佳,舒翁工为玩具翁之女舒娇尤善陶"。

　　吉州窑瓷塑,一般高10厘米左右,也有小到3~4厘米者。品种丰富,题材广泛,形制多变,带有浓郁的乡土气息,举凡生活中的人物故事、飞禽走兽、仙佛妖怪,应有尽有。民间艺术家不讲究科学意义上的透视变化和形体结构的准确性,他们的时空观是自由的、动态的,是以一个运动的有生命的自我为主体随眼观看,随手捏出,出乎于心,超乎像外,以意写神,以神寄情,一切都在自己手上,一切都出自心中。劳动者对于自我主观意识的强烈自信,形成了他们特殊的认知方式、思维方式和表达方式,不以再现客观现实为目的,重视主观直觉,强调我有我在，把纯朴的审美理想与灵活多变的表现形式相融合，升华为富有个性与激情的艺术创造。他们塑造自己看到的，塑造自己认识到的，塑造自己想象到的，源于自然而又超越自然，创作出妙趣横生的艺术作品，纯真可爱，又富有装饰性。常见的器形有官吏、仕女、武士、仙翁、罗汉、菩萨等摆设人像、仙佛，麒麟、犀牛、象、虎、牛、马、猴、狗、猫、鸡、鸭、鹅、鸽、鸟、龟、蟾蜍之类肖形动物，各种人物捏塑得神气活现。骑在牛背上的牧童，悠然自得，骑在马背上的战士，孔武雄健，而夫妻相依俑，则恬静惬意。人物瓷塑具有沉着宁静、端庄持重的特点，一般人像作端坐或伫立状，上部轻巧，下部稳重，基座作夸张处理，袍服拖地，裙裾掩履，或两足分开，与后衣片组成三角形或马蹄形支架，给人以稳健的感觉，头面和四肢均呈动态，衣袖和下襟稍带风势，静中见动。这些瓷塑人物大多数形态古朴，温文尔雅，神情安详，有的显得轻柔赢弱，带有明显的宋塑风格。动物雕塑，造型生动，比例得当，各有姿态，神气活现，工匠们在准确抓住所要描绘对象主要特征的同时，又充分发挥自己的想象力，进行了大胆夸张和渲染，用熟练而准确的外轮廓线塑造出一件件栩栩如生的动物形象，向我们展现出一派生机勃勃的自然景象。伸头爬行的龟，憨态可爱；引颈蹲伏的鸭，活灵活现；还有那蹲伏的犬，更是形象逼真。这些动物，信手捏成，但头面都经过精心刻画，表现得生动传神，在简练中寓精巧，于自然中见匠心，显示了民间陶瓷艺术家高超的造型技巧。

窑址出土宋代点彩骑马俑

窑址出土宋代象棋

窑址出土宋代彩绘球

吉州窑瓷塑以圆雕器居多，制作手法有手捏、模印、贴塑和彩绘等，在同一件器物上，往往多种技法并用。比如人像的制作，就是先用手捏塑出人体躯干，再植以头面四肢，贴塑模印好的衣冠带饰，再用硬物刻划或彩绘出细部纹饰和五官，或施清新淡雅的黄釉，

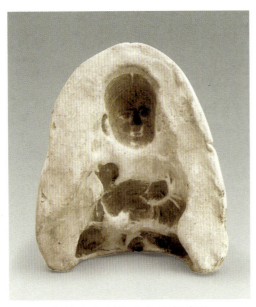

窑址出土宋代人物坐俑陶范

或施爽神悦目的青釉，或施庄重典雅的褐釉，因所绘形体而异。也有一部分瓷塑是模制而成，分块模制，压印出轮廓，再将对应的两块粘合起来，最后用手捏法进行细部加工，典型的作品有笑容可掬、袒胸露腹的叠肚罗汉，丰额束肩、手执如意的寿翁，长袍宽袖、双手持笏的髯翁，等等。这些作品，成型规则，颜面清晰，纹饰细致，四肢衣袖附着性强。

朴拙中见精巧是吉州窑瓷塑造型艺术手法最显著的特点，讲究造型效果、气势神韵，重视体积安排、外廓形象、线条韵律、节奏比例，在轮廓和细节上不求自然体的准确比例，不求形似，只求达意；不求合理，只求合情，造型并非客观的自然写实，而是抓住对象有利于装饰的局部特征，充分利用夸张和省略的手法，将人物、动物等形象收缩成一紧凑而又具有外扩张力的团块，使得方寸之中含有浑厚的体积感，呈现出一种极具量感的"朴拙"味。这些主观化了的形象，通过大夸张、大取舍，使主观与客观、现实与虚构巧妙地结合起来，比创作原形更美、更逗人喜欢。如骑马俑，体积饱满的马身呈厚实粗壮之态，四肢收缩简化到只能意会的程度，夸张的马头占据马身的二分之一，张开的马嘴也占器形的四分之一，这种构图方式，强化了马的稚拙感，而骑在马背上的人，只突出了头部和面部。恰如其分的灵活处理，使瓷塑拙中见巧，拙而不滞。

吉州窑瓷塑在注重造型的基础上，还借助色彩来增强层次装饰，弥补形象之不足。在小型的瓷塑品上雕出颜面五官和繁缛的花纹，不仅工艺难度大，而且也费时，工匠们为了在单位时间内降低生产成本，采用釉色来弥补上述不足。鉴于所用瓷土多呈米黄或灰白等浅暖色调、作品形制较小这一特点，工匠们根据所表现的对象来确定其色调和釉彩，有的略施米黄薄釉，颇为淡雅悦目；有的施淡青色釉，也觉清新明朗；有的在上半部分蘸酱黄、深褐等釉彩，与下半部分露胎形成鲜明对比，收到相得益彰的艺术效果；有的以素胎出现，显得质朴大方。

吉州窑的雕塑瓷，散发着浓郁的生活气息，它们或精致工整，或小巧玲珑，造型生动，线条流畅，比例恰当，技法娴熟，既给人以清新明快之感，又不失素雅端庄之态，用一种亲切、朴素、通俗、美观的艺术表现形式抒发了窑工的真情实感，表现出窑工对社会生活深入细致的观察和独特的审美观，是无数能工巧匠辛勤劳动的结晶，也是技术与艺术的完美结合，折射出民间艺术自然质朴的神韵，具有很高的欣赏价值。

In the Song Dynasty, porcelain sculptures of Jizhou kiln, Hutian kiln and Baishe kiln of Jiangxi province were mass produced for appreciation and playing, it can also beautified daily life and satisfied people's demand for art. The porcelain sculpture of Jizhou kiln has a kind of immutability exceeding the age, give people a pleasant feeling, being the unique masterpiece of porcelain sculpture in civil kiln. The most exquisite porcelain sculpture toy of Jizhou kiln of Song Dynasty was made by the art masters, Shu Weng and Shu Jiao.

The porcelain sculptures of Jizhou kiln generally are 10 centimeters in height, the small one are 3 to 4 centimeters high, with abundant species, extensive topics and heavy folk-custom, the form is various, include figures, story, birds, beasts, immortal, Buddha, devil and etc. The familiar forms contain figurines such as officer, maid, warrior, fairy men, arhat and bodhisattva etc. and imitations such as qilin, rhinoceros, elephant, tiger, cow, horse, monkey, dog, cat, chicken, duck, goose, pigeon, bird and turtle. Figures knead with different forms and all express vividly, contain dedication in simple, imply ingenuity in nature, show the superb technique of the artist. The porcelain sculptures are mostly round sculpture in Jizhou kiln, the manufacture skills include knead by hand, molded, applique and color painted, usually use various skills on the same piece.

The most outstanding character of the porcelain sculptures of Jizhou kiln is implied, delicate and simple, pay attention to the shape and outside image, not aim at the accurate natural comparison in details, request spirit rather than likeness, request feeling matching rather than reasonable. Not take the realistic shape of the object seriously, but tightly hold the partial characteristic, make use of the grandiloquent and abridged skill to the images of person and animal. Tightly packed into a conglomeration, made the feeling of thick volume in small places, present a kind of simple feeling with great quantity. These subjective images are more beautiful and lovely than the original shape though with great grandiloquent, combine subject with object, real and imaging together skillfully, the creator and appreciator all delight in it.

Besides paying attention to the form, porcelain sculpture of Jizhou kiln also use color to strengthen the decoration and made up the image. Engraved facial features and various elaborate design on small wares not only have great difficult, but also a waste of time, in order to lower the production cost, the craftsmen adopted color glaze to tackle the mentioned shortage. For the clay mostly presents creamy yellow or grayish white, and the smaller form of the pieces, the craftsmen match the color glaze to the object, some covered with thin creamy yellow glaze, seems elegant and pleasant; some covered with slight blue glaze, feel fresh and delightful; some covered with dipping brownish yellow or dark brown glaze on the upper part and contrasted obviously with bare part, bring out the best in each other; some appear with unglazed body, seems simple and generous.

The porcelain sculptures of Jizhou kiln have vivid shape, delicate kneading craft, meticulous carving and lifelike image, the body is small but depicted delicately, the topics are novel and diverse, have strong realistic, lovely pose, send forth the deep living flavour, came from the nature, social activities and the mental of craftsmen, created gorgeous and colorful images though the technique combined delicate realistic expression with appropriate exaggeration together, they are exquisite and lovely with vivid shape, free lines, fitting comparison, skilful techniques, give people the feeling of fresh, clear, simple and elegant, express the genuine sensibility of craftsmen by a kind of art manifestation of gentile, simple, popular and beautiful, express meticulous observation and special esthetic sense about social activities of the artisans, was not only crystallization of numerous abilities of them, but also a perfect combination with technique and art, show the superb level of technique and craft, refract the natural and simple poetic charming of a folk art, has highly appreciation value.

102　点彩人物立俑
Spotted standing figure

宋（960～1279）
Song Dynasty
残高6厘米
1980年江西省吉安县永和窑址出土
现藏江西省博物馆

　　陈设器。人头残损，身着大袖交领罗衫，腰间束带，长袖罩手，置于膝前，长裙曳地掩履，双腿张开站立，与后衣片组成马蹄形支架，给人以稳重感，衣袖稍带风势，给人以动感。通体施青白釉，褐彩点绘。

103　点彩人物立俑
Spotted standing figure

宋（960～1279）
Song Dynasty
高9.2厘米
1980年江西省吉安县永和窑址出土
现藏江西省博物馆

　　陈设器。人抬头平视，用黑彩点绘双眉、双眼、口和头发，身着长袍，双手交于腹前，双脚微外张，袍服拖地，裙裾掩履。

104　点彩男女立俑
Spotted standing figure

宋（960～1279）
Song Dynasty
高 5.3 厘米
1980 年江西省吉安县永和窑址出土
现藏吉安市博物馆

　　陈设器，捏塑而成。两人并肩而立，抬头平视前方，面容清晰，表情自然。男女相依，双足呈八字形，与后衣片组成三角形支架，均着对襟大衫，男俑双手拢在胸前，女俑双手自然下垂。通体施米黄釉，头发、眉、眼、手、衣襟、腰带等处点绘褐彩。

105　点彩男女坐俑
Spotted seated figure

宋（960～1279）
Song Dynasty
高 5.3 厘米
1980 年江西省吉安县永和窑址出土
现藏江西省博物馆

　　陈设器，捏塑而成。两人并肩席地而坐，抬头平视前方，面容清晰，表情自然。男俑右手搭在女俑右肩上，左手置于膝上，女俑双手合抱一物置于胸前。通体施米黄釉，头发、眉、眼、手等处点绘褐彩。

106　点彩女坐俑
Spotted seated female figure

宋（960～1279）
Song Dynasty
高 7 厘米
1995 年江西省吉安县永和窑址采集
现藏吉安市博物馆

　　陈设器。女俑头微下倾，作沉思状，用彩绘表示双眼、眉、鼻、口和头发，身着交领衫，双手交于腹前，双腿盘坐，神态安详。这种构图，上部小巧，下部稍大，给人以稳重感。通体施米黄釉，点绘褐色。

107　褐釉骑马俑
Brown figure riding on a horse

宋（960～1279）
Song Dynasty
通高 6.6 厘米
1995 年江西省吉安市征集
现藏吉安市博物馆

　　玩具。马作立式，抬头前视，竖耳，尾上卷。骑士端坐马背，抬头远视，造型夸张，马小人大，体积饱满的马身呈厚实粗壮之态，四肢收缩简化到只能意会的程度，夸张的马头占据了马身的二分之一，微张的马嘴占据了器形的四分之一，这种构图方式，强化了马的稚拙感。而骑在马背上的人，只突出了头部和面部。通体除马的四肢为素胎外，均施褐釉。构图简洁，拙中见巧，拙而不滞。

108 点彩童子骑马俑

Spotted child riding on a horse

宋（960～1279）

Song Dynasty

通高 8.5 厘米

1995 年江西省吉安县永和窑址采集

现藏吉安市博物馆

玩具。马作立式，抬头平视前方，双耳前披，双目圆睁。童子骑坐马背，屈膝，双胯紧贴马背，体前倾，双手抱住马脖。人和马的比例比较准确，姿态生动。通体施青白釉，褐彩点绘。

109 点彩骑马俑

Spotted figure riding on a horse

宋（960～1279）

Song Dynasty

通高 5.5 厘米

1980 年江西省吉安县永和窑址出土

现藏江西省博物馆

玩具。马身下伏，四肢斜立，抬头平视前方，双耳前披。马背骑坐一人，抬头平视前方，双手拢于身前持缰，双胯紧贴马背。人大马小，不失童趣。通体施青白釉，黑彩点绘。

110　素胎坐猴
Unglazed seated monkey

宋（960～1279）

Song Dynasty

高 4.4 厘米

江西省吉安市出土

现藏吉安市博物馆

　　玩具。素胎，仅在双眼部位点绘褐彩以示眼睛，显得质朴大方。作跪坐式，抬头平视，后肢屈膝跪坐，身躯立起，前肢置于双膝上。

111　点彩鹅
Spotted goose

宋（960～1279）

Song Dynasty

高 8.3 厘米

1980 年江西省吉安县永和窑址出土

现藏江西省博物馆

　　玩具。鹅蹲伏式，昂首侧视，曲颈，空心，背部有两个小圆孔，此器可能为一口哨。施透明薄釉，双翅绘褐彩，以示羽翅，底座无釉，露米黄色胎。采用捏塑、添彩、施釉等技法，捕捉到鹅在生活中的原态，形神兼备，活灵活现，体现了高超的瓷塑水平。

112　褐釉卷尾狗
Reddish brown glazed dog

宋（960～1279）

Song Dynasty

高 5 厘米

1980 年江西省吉安县永和窑址出土

现藏江西省博物馆

　　玩具。狗四足站立，昂首直颈，双耳前披，尾巴上卷，与颈部相连成一半圆形系。施褐釉，四足露灰白色胎。

113　点彩卷尾狗
Spotted dog

宋（960～1279）

Song Dynasty

高 6.9 厘米

江西省吉安市出土

现藏吉安市博物馆

　　玩具。狗作立式，抬头，张口，双目圆睁，双耳前披，尾上卷，造型精巧，神态生动。灰白色胎，点绘褐彩斑。狗在吉州窑瓷器中多见，或立或卧，神态各异，富有生活气息。

114 褐釉卷尾猫
Reddish brown glazed cat

宋（960～1279）
Song Dynasty
高 5 厘米
1980 年江西省吉安县永和窑址出土
现藏江西省博物馆

　　玩具。猫四足站立，抬头伸颈，双耳竖起，面部收缩，尾巴上卷，与颈部相连成一半圆形系，较好地刻画了猫向主人撒娇那一瞬间生动可爱的形象。施褐釉，腹部、四足露灰白色胎。

115 点彩卧鹿
Spotted lying deer

宋（960～1279）
Song Dynasty
长 5.5、通高 5 厘米
1995 年江西省吉安市征集
现藏吉安市博物馆

　　玩具。作侧卧式，抬头伸颈左侧视，口微张，前肢微前伸，后肢屈膝收缩，口、眼、双角、尾等处绘黑彩，周身点绘黑彩。

116　点彩龟形水注

Spotted tortoise-shaped water dropping vessel

宋（960～1279）

Song Dynasty

长 8、高 3 厘米

1980 年江西省吉安县永和窑址出土

现藏江西省博物馆

　　文具。扁圆体，龟昂首前伸，张口，作出水口，背部正中有一小圆孔，作注水口，龟背压印不规则的圆圈纹，眉、眼、嘴等处有不规则的褐色点彩。设计巧妙，造型别致。

117　褐釉犀牛驮龟水注

Spotted water dropping vessel in the shape of a tortoise on a rhinoceros

宋（960～1279）

Song Dynasty

长 8、高 4.8 厘米

1958 年江西省南昌市喻寿柱捐赠

现藏江西省博物馆

　　文具。犀牛昂首站立，双角竖起，双耳后耸，四肢粗短，身躯肥硕，背伏一小龟，犀牛下颌、身体一侧各有一个小圆孔。龟及犀牛首、身等处施褐釉，四足露灰白色胎，对比鲜明，相得益彰。

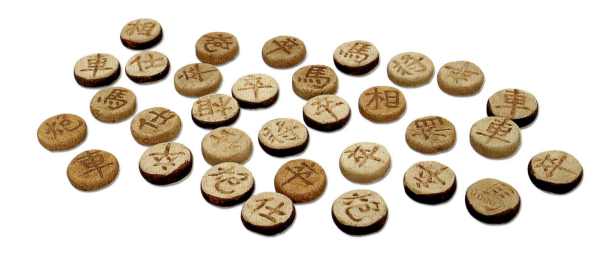

118 褐彩象棋桌与棋子

Chinese chess and Chinese chess-table with brown decoration

宋（960～1279）

Song Dynasty

象棋桌长8.2、宽6、通高6厘米，棋子直径2.2、厚0.7厘米

江西省吉安县永和窑址出土

现藏江西省吉安市博物馆（棋子）和吉安县博物馆（棋桌）

　　玩具。象棋桌面刻棋盘，褐彩宽边，盘与今天的棋盘略有差异，桌座通体施褐釉。棋子共32枚，与今天的定型棋子大体一致，文字阴刻，填褐釉，双方兵种完全相同，以胎色来区分对弈双方的棋子，其一胎色灰白，侧面有一圈褐彩边；其一胎色米黄。

　　象棋在我国有着悠久的历史，北周武帝宇文邕就曾写过《象经》棋谱，集百官讲解，在贵族中广为流传，在宋代得到很大发展。司马光曾撰有《七国象戏》一书，是我国现存最早的象棋专著。晁补之也曾著有《广象戏图序》，对宋代象棋的发展做出了重大贡献。经过司马光等人的改革，象棋在南宋初期已基本定型，成为今天我们所见到的纵九横十路小象戏格局。瓷质象棋始于宋代，各大名窑均有烧造，永和窑址象棋桌与棋子的出土，正好与文献相印证。

参考文献

中国国家博物馆、吉安市博物馆：《吉州窑》80页，中国社会科学出版社，2004年。

青釉、白釉与绿釉瓷

Celadon, White and Green Glazed Porcelains

青釉、白釉与绿釉瓷都不是吉州窑的主流产品，存世数量也不多。青釉瓷也称青瓷，是我国古代最为主要的瓷器品种，它是在坯胎上施含有铁元素的釉，在还原气氛中烧成。青釉瓷是晚唐五代吉州窑初创时期的主要产品，器形有敞口浅腹碗、双系束颈平底罐、短流注壶、短流喇叭口瓶等。多数器物胎质灰黑，胎骨厚重，质地粗糙，夹有细沙。胎釉间先敷一层黑色的化妆土，施釉不及底，釉层不均匀，釉面发涩，有些有泪痕，釉色白中泛青黄，多呈酱褐、青褐或青黄色。其烧造方法较为原始，采用支钉法，故在器物内底和足沿等处尚留有4~8个支钉痕。

窑址出土唐代褐釉双系壶

乳白釉瓷是吉州窑生产时间最长的一种产品，从晚唐五代创烧，一直延续到元代，胎质灰白，釉色白中泛青黄，薄釉不及底，底足切削较粗糙，底有平底、宽圈足和窄圈足之分，有的圈足高达2厘米以上。装饰以印花为主，器形有碗、罐、壶、钵、盏等，以各式碗为大宗，均系日用粗瓷。晚唐五代流行厚唇碗。北宋以薄釉碗居多，有的内底见涩圈，常印有"吉"、"记"，或用褐彩书写"吉"、"记"、"慧"、"福"、"太平"、"本觉"等字样。这类碗呈灰白色，上面敷一层带有青味的透明薄釉，底部无釉或半截无釉，胎质较为坚实，底足切削粗涩，修坯

窑址出土留有五个支钉痕的五代青釉撇口碗

工艺草率中见熟练。钵多为外卷唇，施釉不及底，口沿施褐色点彩，平底或宽圈足，采用支钉法烧造。壶多作瓜棱形腹。南宋多芒口瓷，大平底，内外满釉，内底印有缠枝花卉、海水游鱼、凤穿牡丹、莲花、梅花、回纹之类纤细活泼的纹样。元代乳白釉瓷胎质有厚重和轻薄两种，多数为半截釉，器底修坯利落，装饰纹样有莲瓣纹、缠枝牡丹纹、鸾凤纹和如意纹等，图案严谨，疏密有致。

窑址出土宋代文字款乳白釉碗残片

窑址出土宋代乳白釉"吉"字款盘

　　宋元时期，吉州窑还生产一定数量的低温绿釉瓷，以铜为着色剂，含有少量锡，釉面光润，呈色纯绿。吉州窑绿釉瓷存世不多，釉色有深绿、黄绿、淡绿等，主要器形有枕、盆、碗、盏、碟、瓶、壶、炉、器盖等生活用品和筒瓦、鸱吻一类建筑构件等，以各式枕为大宗。装饰手法，盘、碗等以印花为主，枕以刻花与印花相结合，塔则雕塑成形。

　　吉州窑绿釉瓷有确切纪年的是1986年安徽省黄山市新年乡三保村北宋宣和三年（1121）沈格夫妇合葬墓出土的两件八角形绿釉枕，米黄色胎，其中一件枕面饰荷花纹，底部有"真郭家枕"戳记。另一件枕面饰蕉叶纹。这种绿釉瓷，胎质较其他釉色瓷更白，但由于烧成

温度较低，胎体瓷化程度低，胎质更显粗松，釉色莹亮，个别器物有剥釉现象，因为竖烧，一侧常有四个支烧痕。纹饰以釉下刻花、印花装饰居多，常见纹样有弦纹、蕉叶纹、圆圈纹、缠枝牡丹纹、水波纹等，风格简练直率。有的枕底部印有"舒家记"、"严家记"、"曾家记号"、"陈家印置"、"元祖肖家大枕"、"元祖郭家大枕记号"等标识作坊名号的底款。

窑址出土元代绿釉龙头吻

窑址出土宋代绿釉刻花莲荷纹如意形枕

窑址出土宋代绿釉枕底款残片

The celadon, reddish brown, white and green glazed porcelains were not the main products of Jizhou kiln and only few of them existed. The celadon ware was the main porcelain in ancient China, which covered the body with glaze contain iron element and fired in restore atmosphere. It was also the main product of Jizhou kiln in the late Tang and Five Dynasties, include bowl with wide mouth and shallow well, jar with twin loop-handles, tight neck and flat bottom, bottle with short spout and vase with short spout and trumpet mouth. Most of them were crudely made with grayish black, thick and heavy body mixed with sand. Between the body and the glaze there was a white coating and the glaze was not to the bottom, the glaze layer is coarse, some have tear stain and suffused with greenish yellow in the white tone, present dark brown, greenish brown or greenish yellow. The firing technique was primary, adopted nail sticking technique, 4 ~ 8 nail sticking traces were left on inside bottom and the foot rim of the vessels.

The milky white porcelain was the product with longest producing time in Jizhou kiln, which began to fire from late Tang to Five Dynasties, and continued to the Yuan Dynasty. The body is gray, the glaze is in white with greenish yellow tinge and not covered to the bottom, the foot were roughly cut, the bottom include flat base, thick foot ring and narrow foot ring, some of the foot ring is 2 centimeters high. The daily vessels were mainly decorated with moulded pattern and include bowl, jar, bottle, vase and cup etc. The bowl with thick lip was popular in the late Tang and Five Dynasties. Bowl with thin glaze was well known in the Song Dynasty, usually moulded with the inscription of "Ji", "Ji", or the brown glazed inscription of "Ji", "Ji", "Hui", "Fu", "Taiping", "Benjue" etc. The body was grey, covered with a thin transparent glaze, the bottom or half of the body were unglazed; the body is solid; the foot ring were roughly cut and the fixing craft is skillful. The bowl usually with flared mouth, the glaze was not covered on bottom, some decorated with brown dot on the rim, flat base or wide round foot, adopt nail sticking technique. Some bottles were in melon-shaped. Wares with unglazed mouth rim were popular in the Southern Song Dynasty, with big flat base, was applied overall with glaze, decorated slim and lovely pattern like floral scroll design, fish, phoenix and peonies, lotus, plum blossoms and fret design in the centre. The milky white glazed porcelain in the Yuan Dynasty consisted of two types: thick and heavy or thin and light. Mostly half body was covered by glaze, the bottom was fixed and the decorations include lotus petal, peonies stroll, phoenixes and ruyi etc, present precise and fine features.

In the Song and Yuan Dynasties, a certain number of low temperature green glazed wares were produced in Jizhou kiln, which took copper as coloring agent. Contained a small amount of tin, the glaze is in purely green and smooth. Only a few of green glazed wares of Jizhu kiln existed, the glazes include dark green, greenish yellow and pale green etc, the main types contain some house wares such as pillow, basin, bowl, cup, dish, vase, pot, censer and cover etc, architectural parts like tube tile, roof ridge of chiwen, and all kinds of pillow. Plates and bowls were mostly decorated with moulded design and pillow decorated with carved and moulded design, while the pagodas were engraved.

The body of green glazed wares seem whiter than others, for the low firing temperature, the body seems coarse and loose, the glaze is bright and pure and was peeled in some wares. Four burning traces were usually left on one side. The pattern were underglaze carved and moulded design mostly, familiar designs consist string, plantain leaf, circle, peonies scroll, water ripple. Some pillows with impressed inscription of "Shujia ji", "Yanjia ji", "Zengjia jihao", "Chenjia yinzhi", "Yuanzu Xiaojia dazhen", "Yuanzu Guojia dazhen jihao" on the base to mark the name of the workshops.

119 褐釉双系执壶

Reddish brown glazed ewer with double loop handles

唐（618~907）

Tang Dynasty

口径 9.5、底径 9、高 26 厘米

1980 年江西省吉安县永和窑址出土

现藏江西省博物馆

贮器。卷沿，方唇，长颈，溜肩，肩部置两个
环状系，短流，把手残损，深腹微鼓，平底微内凹，
圈足微外撇，造型不规整。胎色灰褐，施半截褐色
釉。出土于窑址最下层，是吉州窑早期产品，对同
类器断代具有重要的参考价值。

120　褐釉罐

Reddish brown glazed jar

北宋（960～1127）

Northern Song Dynasty

口径 5.5、底径 3.7、高 6.9 厘米

1966 年江西省吉安市北宋元丰五年（1082）塔出土

现藏江西省博物馆

　　贮器。侈口，束颈，溜肩，深腹微鼓，圈足外撇。形制规整，釉汁莹润，釉面光洁。施半截褐釉，露灰白色胎，釉薄处泛棕红色。出土于有确切纪年的北宋塔中，对吉州窑北宋产品具有重要的断代标尺作用。

参考文献

彭适凡、刘林:《吉安北宋江仕澄塔出土文物》,《江西历史文物》1982 年第 1 期。

121 褐釉剔花折枝梅纹长颈瓶

Reddish brown glazed long-necked vase with sgraffito plum blossom

南宋（1127～1279）

Southern Song Dynasty

口径5.6、底径8.9、高19厘米

1989年江西省南昌铁路局向西派出所移交

现藏江西省博物馆

　　陈设器。小敞口，卷沿，圆唇，长颈，垂腹，圈足。器腹两侧分别剔折枝梅花纹，线条犀利刚劲，梅枝交互，花开四朵，花蕊点绘褐彩，纹饰简洁。施酱褐釉，褐中泛红，胫部至圈足露米黄色胎，胎质坚致。

122　褐釉水注

Reddish brown glazed water dropping vessel

北宋（960～1127）

Northern Song Dynasty

口径 0.7、高 3.7 厘米

1980 年江西省吉安县永和窑址出土

现藏江西省博物馆

　　文具。器体扁圆，瓜棱腹，稍残损，小口（作进水用），前置短流，后设扁平形把手，圈足。通体施褐釉，露白色胎。

123 褐釉印花锦纹三足炉

Reddish brown glazed tripod censer with impressed brocade design

南宋（1127～1279）
Southern Song Dynasty
口径 11.8、底径 9.5、通高 8.8 厘米
1970 年江西省南昌市出土
现藏江西省博物馆

焚香器。平沿内折，筒形腹，中腹微鼓，下腹内收，平底下承三矮蹄足。施釉不及底，露灰白色胎。器腹施酱褐釉，模印变形回纹与万字纹的组合纹样，构图规矩严谨，装饰性强，此类器对元青花装饰具有重大影响。

124　米黄釉剔花月梅纹瓶

Buff glazed vase with sgraffito moon and plum blossom

元（1279～1368）
Yuan Dynasty
口径5、圈足径5、高13厘米
1978年江西省新建县昌邑公社出土
现藏江西省博物馆

　　陈设器。宽平折沿，方唇上折，筒形腹微下垂，高圈足外撇。通体施米黄薄釉，釉下开细片，圈足露米黄色胎，器内底满釉，有鸡心形凸起，瓶腹部主题纹饰为剔月梅纹。梅折枝，花蕾满枝，有茎少叶，左上方一弯新月，给人以夜深宁静的感觉。

125 米黄釉剔花月梅纹荷叶盖罐

Buff glazed Lidded jar with sgraffito moon and plum blossom

元（1279～1368）
Yuan Dynasty
口径6、底径5.1、通高6.5厘米
1975年江西省樟树市出土
现藏樟树市博物馆

贮器。直口，矮颈，圆鼓腹，饼足，盖顶设一实心圆纽，盖边沿呈荷叶状。通体施米黄薄釉，盖内与器底无釉，露灰白色胎，罐腹中部有一条明显的接痕，剔折枝梅花一枝。

参考文献

黄冬梅：《江西清江出土的几件吉州窑瓷器》，《文物》1987年第5期。

126 乳白釉撇口高足碗
Ivory glazed bowl

北宋（960～1127）
Northern Song Dynasty
口径 11.2、底径 4、高 5 厘米
1980 年江西省吉安县永和窑址出土
现藏江西省博物馆

　　食器。撇口，折弧腹，至底渐内收，高圈足。施半截白釉，釉层极薄，露灰白色胎。这是北宋时期吉州窑典型的碗式样，出土于窑址，有明确出土地点和地层，为判定同时期同类器提供了依据，具有重要的价值。

127 乳白釉"吉"字款唇口碗
Ivory glazed bowl with inscription of "ji"
南宋（1127～1279）
Southern Song Dynasty
口径17.2、底径6、高6.3厘米
1980年江西省吉安县永和窑址出土
现藏江西省博物馆

　　食器。侈口，厚唇，斜腹，圈足。施白釉不及底，釉白而不浊，露灰白色胎，碗内心刻楷书"吉"字。

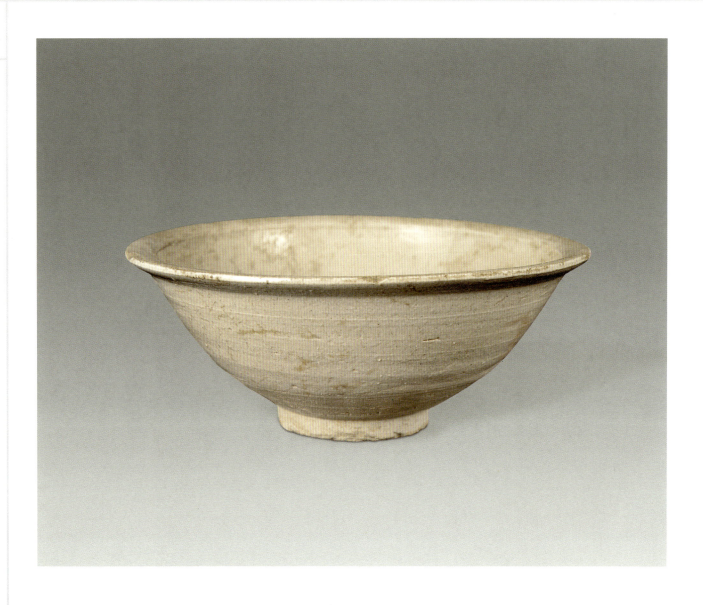

128 乳白釉撇口碗

ivory glazed bowl

南宋（1127～1279）
Southern Song Dynasty
口径 9.6、底径 3.7、高 3.8 厘米
1980 年江西省吉安县永和窑址出土
现藏江西省博物馆

　　食器。撇口，束颈，弧腹至底渐内收，圈足，圈足比北宋时期的碗略矮，碗内心呈脐状凸起。施白釉不及底，釉层较薄，露灰白色胎。这是南宋时期吉州窑典型的碗式样之一。

129 乳白釉撇口印花碗

Ivory glazed bowl with design of impressed flower

南宋（1127～1279）

Southern Song Dynasty

口径 10.6、底径 3.6、高 3 厘米

1980 年江西省吉安县永和窑址出土

现藏江西省博物馆

食器。敞口，弧腹，圈足。芒口，施白釉不及底，露灰白色胎，碗内心模印荷莲纹一簇。

130　乳白釉"本觉"款碗

Ivory glazed bowl with inscription of "*ben jue*"

南宋（1127～1279）

Southern Song Dynasty

口径 12.4、底径 3.6、高 6 厘米

1980 年江西省吉安县永和窑址出土

现藏江西省博物馆

　　食器。敛口，弧腹，圈足。施乳白色釉不及底，釉汁乳浊感强，露灰白色胎，碗内心褐釉楷书"本觉"两字。永和窑旁边有一座始建于唐代的本觉寺，至宋代，随着永和窑火的兴旺而发展成吉州一座著名的寺庙，该碗书"本觉"款，表明是专门为本觉寺烧制的日用瓷器，对研究本觉寺历史具有重要价值。

131 乳白釉剔花月梅纹碗

Ivory glazed bowl with sgraffito moon and plum blossom

元（1279～1368）

Yuan Dynasty

口径 10.4、底径 4、高 3.6 厘米

1979 年江西省南城县宋墓出土

现藏江西省博物馆

    食器。敞口，束颈，斜腹，圈足。碗内施乳白釉，剔月影梅纹，线条流畅，刀法犀利。盏外壁施半截釉，露灰白色胎。

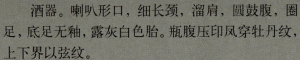

132 乳白釉印花凤穿牡丹纹玉壶春瓶

Ivory glazed pear-shaped vase with design of phoenix amid peony blossom

元（1279～1368）
Yuan Dynasty
口径5、底径9、高25厘米
1980年江西省吉安县永和窑址出土
现藏江西省博物馆

　　酒器。喇叭形口，细长颈，溜肩，圆鼓腹，圈足，底足无釉，露灰白色胎。瓶腹压印凤穿牡丹纹，上下界以弦纹。

133 素胎印花鱼水莲荷纹盘

Unglazed dish with impressed fish and lotus design

北宋（960~1127）
Northern Song Dynasty
口径17.7、底径5.2、高4厘米
1995年在江西省吉安市征集
现藏吉安市博物馆

食器。敞口，浅弧腹，圈足，通体素胎无釉，胎质细腻，胎色灰白，外壁留有明显的轮旋纹。盘内壁压印三组纹样，口沿下一周回纹，盘心开光内饰双鱼纹和荷花，开光外为主题纹饰，压印鱼游荷塘图案。纹样布局合理，繁而不乱，主题突出。

印花装饰工艺是宋代定窑、湖田窑所取得的一项突破性成就，它集器物成型和装饰于一体，即待坯体干燥到一定程度时，用阴刻花纹的模头在坯体上压印出花纹。这一工艺的出现，使得快速、批量、规模化生产成为可能，大大提高了生产效率，印花、成型和装饰一气呵成，加上不同的釉色形成了一种独特的陶瓷风格，深受世人喜爱。

134 绿釉印花牡丹纹盏

Green glazed bowl with impressed peony blossom

北宋（960~1127）

Northern Song Dynasty

口径 11.6、底径 4、高 4.5 厘米

1980 年江西省吉安县永和窑址采集

现藏吉安县博物馆

饮茶器具。敞口，浅腹，腹壁斜削，圈足。盏内壁压印凸起的牡丹纹，印纹清晰。施绿釉，绿中略泛红。盏外壁施釉不及底，釉面明澈晶莹，红绿相间，露灰白色胎。

圆器印花装饰工艺的关键是子模制作水平。需要先制作母模，母模的尺寸要进行三级放尺，否则达不到理想要求的尺度，即要考虑坯体干燥、烧成及子模、母模的总收缩率，依据造型尺寸拉制厚胎毛坯进行修制，重点修好印面形制，待坯泥干燥至一定程度后，刻饰花纹，修完印面及器沿，干燥后入窑烘烧。母模制作完成后，就可以把子模胎形按进母模中压印花纹，干燥后入窑烘烧，烧成后的子模就可以用于相关圆器定型、印花。

参考文献

王允吉：《江西省吉安县发现吉州窑瓷器》，《考古》1991 年第 10 期。

135 绿釉印花鱼纹盏

Green glazed bowl with impressed fish design

北宋（960～1127）

Northern Song Dynasty

口径 10.7、底径 4、高 3.8 厘米

江西省吉安县永和窑址采集

现藏吉安市博物馆

　　饮茶器具。敞口，浅斜腹，圈足。盏内壁压印凸起的游鱼纹和水波纹，印纹清晰。施绿釉，盏外壁施釉不及底，釉面明澈晶莹，露灰白色胎。整个画面构图繁密，布局匀称，线条流畅，于板刻中见生气，于平易中见新奇，给人一种优雅而又瑰丽的美感。

参考文献

中国国家博物馆、吉安市博物馆：《吉州窑》84 页，中国社会科学出版社，2004 年。

136 绿釉弦纹钵

Green glazed bowl with string design

南宋（1127～1279）

Southern Song Dynasty

口径 11.1、底径 5、高 5 厘米

1980 年江西省新建县昌邑公社出土

现藏江西省博物馆

　　盛食器。敛口，圆唇，弧腹，平底，制作规整。通体施绿釉，釉汁莹润，钵外口沿下饰阴线弦纹一周，底足无釉，胎色灰白，质地粗松，为吉州窑绿釉瓷中的上品。

137 绿釉戟耳兽足炉

Green glazed tripod censer with two ears

元（1279~1368）

Yuan Dynasty

口径12.6、底径9.5、通高10.4厘米

1995年江西省吉安市征集

现藏吉安市博物馆

　　焚香器具。平沿内折，上腹部设一对戟形耳，腹斜收，平底下承三蹄形兽足。通体施绿釉，外底、足内侧露灰白色胎，胎体厚重，造型新颖。

参考文献

中国国家博物馆、吉安市博物馆：《吉州窑》85页，中国社会科学出版社，2004年。

138 绿釉莲荷纹如意形枕

Green glazed pillow with lotus leaf design

宋（960～1279）

Song Dynasty

长 26、宽 16、高 9.1 厘米

1975 年江西省丰城市袁渡公社出土

现藏江西省博物馆

　　明器。枕面呈如意形，前低后高，中间微凹，平底，一侧有一个小气孔。通体施绿釉，略有剥釉，枕底露灰白色胎，胎质细腻、粗松，近泥质，枕面刻划莲荷一枝。荷花开放，荷叶舒展，线条婉转流畅，运笔萧洒，一气呵成。

139　绿釉莲荷纹如意形枕

Green glazed pillow with lotus leaf design

宋（960~1279）

Song Dynasty

长 25.4、宽 18.5、高 9 厘米

1984 年江西省安义县征集

现藏江西省博物馆

　　明器。枕面呈如意形，前低后高，中间微凹，平底，腰墙压印圆圈纹，一侧有一个小气孔。通体施绿釉，略有剥釉，枕底露灰白色胎，胎质细腻、粗松，近泥质。枕面刻划莲荷一枝，画面简洁，线条稀疏。

140 绿釉莲荷纹八角形枕

Green glazed octagon pillow with lotus leaf design

宋（960～1279）
Song Dynasty
长 21.2、宽 9.5、高 7.5 厘米
1976 年江西省南昌市征集
现藏江西省博物馆

　　明器。呈八角形，枕面前低后高，微内凹，八角形开光内刻莲荷纹。枕腰作竹节状棱柱，柱间八面印花，分别模印荷花、百合、折枝花，背有一个小气孔，一侧有四个支烧痕。底部露灰白色胎。

141 绿釉莲荷纹如意形枕

Green glazed pillow with lotus leaf design

宋（960～1279）

Song Dynasty

长 29.3、宽 18、高 9.1 厘米

1987 年江西省南昌市铁路公安处移交

现藏江西省博物馆

　　明器。枕面呈如意形，前低后高，中间微凹，平底，两侧腰墙微内收，压印圆圈纹，一侧有一个小气孔。通体施绿釉，略有剥釉，枕底露灰白色胎，胎质细腻、粗松，近泥质。枕面刻划简笔莲荷一枝，一花五叶。荷花含苞欲放，荷叶舒展多姿，画面简洁，刻纹流畅。

142 绿釉 "陈家印置" 款蕉叶纹如意形枕

Green glazed pillow with design of plantain leaf and inscription of "*chen jia yin zhi*"

南宋 (1127～1279)
Southern Song Dynasty
长 27、宽 22、高 9 厘米
1974 年江西省樟树市临江镇寒山南宋淳熙年间 (1174～1189) 墓葬出土
现藏江西省樟树市博物馆

　　明器。通体施绿釉，有剥釉现象，枕底露灰白色胎，压印 "陈家印置" 款。枕面呈如意形，刻蕉叶纹，枕腰压印圆圈纹，一侧有一个小气孔，另一侧有四个支烧痕。

参考文献

黄冬梅:《江西清江出土的几件吉州窑瓷器》,《文物》1987 年第 5 期。

143 绿釉蕉叶纹如意形枕

**Green glazed pillow with design of
plantain leaf**

南宋（1127～1279）
Southern Song Dynasty
长 26、宽 20、高 8.8 厘米
1980 年江西省吉安县永和窑址出土
现藏江西省博物馆

　　明器。呈如意形，枕面前低后
高，微内凹，双线如意形开光内刻
四片蕉叶。枕腰压印圆圈纹，一侧
有一个小气孔，另一侧有四个支烧
痕。施绿釉，局部剥釉，底部露灰
白色胎。该枕无论是造型，还是装
饰纹样，均与樟树市临江镇寒山南
宋淳熙年间墓葬出土同类枕相近。

144 绿釉蕉叶纹如意形枕

Green glazed pillow with plantain leaf design

南宋（1127～1279）

Southern Song Dynasty

长 26.3、宽 22、高 9.5 厘米

1989 年江西省新余市渝水区下村乡出土

现藏新余市博物馆

　　明器。枕面呈如意形，前低后高，中间微凹，通体施绿釉，局部剥釉，枕底露灰白色胎，压印一款，字迹模糊。枕面如意形开光内刻蕉叶四片，枕墙压印圆圈纹，一侧有一个小气孔，另一侧有四个支烧痕。该枕无论是造型，还是装饰纹样，均与樟树市临江镇寒山南宋淳熙年间墓葬出土同类枕相近。

参考文献

胡小勇：《新余出土吉州窑绿釉瓷枕》，《文物》1993 年第 11 期。

145 绿釉"舒家记"款蕉叶纹八角形枕

Green glazed octagon pillow with design of plantain leaf and inscription of "*shu jia ji*"

南宋（1127～1279）
Southern Song Dynasty
长 37.2、宽 18、高 10.8 厘米
1986 年江西省高安市征集
现藏高安市博物馆

　　明器。呈八角形，枕面前低后高，微内凹，双线
八角形开光内刻蕉叶纹。枕腰作竹节状棱柱，柱间八
面双双对应，分别模印牡丹纹、织锦纹，一侧有一个
小气孔，另一侧有四个支烧痕。底部露灰白色胎，模
印"舒家记"戳记，戳记左侧竖刻"有四十二个"五
字，表明这种枕已批量生产，产量可观。

参考文献

杨道以：《江西高安发现吉州窑舒家记瓷枕》，《文物》1997 年
第 2 期。

146 绿釉"严家记"款蕉叶纹八角形枕

Green glazed octagon pillow with design of plantain leaf and inscription of *"yan jia ji"*

南宋（1127~1279）

Southern Song Dynasty

长 25、宽 21、高 9.5 厘米

1988 年江西彭泽县南岭农业科技大楼基建工地出土

现藏彭泽县文物管理所

　　明器。呈八角形，枕面微内凹，饰蕉叶纹。枕腰正面饰水波纹，背面饰钱纹，两侧面饰方格纹，底部露灰白色胎，模印"严家记"戳记。该枕无论是造型，还是装饰纹样，均与樟树市临江镇寒山南宋淳熙年间墓葬出土同类枕相同。

　　吉州窑严家记绿釉瓷枕目前见诸报道的共有 3 件，另 2 件分别由广州西汉南越王墓博物馆和安徽省涂县文物管理所收藏。

参考文献

李军：《一件元代吉州窑严家记瓷枕》，《中国文物报》1995 年 6 月 11 日。

应浩：《两件珍罕的吉州窑瓷枕》，《中国文物报》1994 年 10 月 30 日。

147 绿釉"刘家印号"款蕉叶纹如意形枕

Green glazed pillow with design of plantain leaf and inscription of "*liu jia yin hao*"

南宋（1127～1279）

Southern Song Dynasty

长 26、宽 19.7、高 8.8 厘米

1982 年江西省吉水县金滩乡南宋张宣义墓出土

现藏江西省丰城市博物馆

　　明器。呈如意形。除底部露灰白色胎外，通体施绿釉。枕面微内凹，刻蕉叶纹，外绕以弦纹数周，刻纹流畅，蕉叶舒展。枕腰墙压印圆圈纹，一侧有一个小圆孔，一侧有四个支烧痕。底部模印"刘家印号"阳文楷书戳记，戳记方框上覆荷叶，下托莲花，"号"字已是今天的简体字。该枕无论是造型，还是装饰纹样，均与樟树市临江镇寒山南宋淳熙年间墓葬出土同类枕相近。

参考文献

陈定荣:《江西吉水纪年宋墓出土文物》,《文物》1987 年第 2 期。

148 绿釉六角方塔

Green glazed pagoda

北宋（960~1127）

Northern Song Dynasty

檐宽45、基座宽17、底宽9、残高29厘米

1982年江西省吉安县出土

现藏吉安县博物馆

　　明器。仿木结构，塔盖缺失，重檐六角攒尖式屋顶，屋面覆盖半圆形筒瓦和瓦当，六角发戗，曲线有力。斗栱椽檩，漏花门窗，高台基座，回栏走廊，望板雕花，塔心为六边柱体，中空平底。造型规整，结构复杂，斗栱作一斗三升式，是典型的北宋建筑式样，实质上是当时砖石塔的模型。胎质较粗糙，釉层基本剥落，仅一角留有一小块绿釉。

参考文献

王允吉：《江西省吉安县发现吉州窑瓷器》，《考古》1991年第10期。

附录：吉州窑文献目录
Appendix: Literature Catalog of Jizhou Kiln

专 著

1 蒋玄怡：《吉州窑》，文物出版社，1958 年。

2 余家栋：《江西陶瓷史》，河南大学出版社，1997 年。

3 王国本等：《吉州窑与吉州窑陶瓷艺术》，江西教育出版社，1999 年。

4 刘扬、赵荣华：《吉州窑瓷鉴定与鉴赏》，江西美术出版社，2001 年。

5 余家栋：《中国古陶瓷标本——江西吉州窑》，岭南美术出版社，2002 年。

6 高立人：《吉州永和窑》，文汇出版社，2002 年。

7 王宁：《吉州永和窑作品集》，湖北美术出版社，2005 年。

论 文

1 陈柏泉：《江西出土的几件宋代吉州窑瓷器》，《文物》1975 年第 3 期。

2 唐昌朴：《介绍江西出土的几件瓷器》，《文物》1977 年第 4 期。

3 唐昌朴：《近年江西出土古瓷精品介绍》，《文物》1980 年第 2 期。

4 唐昌朴：《江西吉州窑发现宋元青花瓷》，《文物》1980 年第 4 期。

5 陈定荣：《吉州窑始烧年代初析》，《江西历史文物》1981 年第 1 期。

6 户亭风：《九江市郊出土的两件吉州窑瓷器》，《江西历史文物》1981 年第 1 期。

7 陈定荣：《吉州窑作坊技法探讨》，《江西历史文物》1981 年第 4 期。

8 江西省文物工作队、吉安县文物管理办公室：《吉州窑遗址发掘报告》，《江西历史文物》1982 年第 3 期。

9 余家栋：《试论吉州窑》，《江西历史文物》1982 年第 3 期。

10 杨后礼：《元代吉州窑瓷器介绍》，《江西历史文物》1982 年第 3 期。

11 江西省文物工作队：《江西吉州窑遗址发掘简报》，《考古》1982 年第 5 期。

12 陈柏泉：《吉州窑烧瓷历史初探》，《中国陶瓷》1982 年第 7 期。

13 杨后礼：《介绍几件吉州窑彩绘瓷器》，《文物》1982 年第 12 期。

14 陈定荣：《试谈吉州窑的瓷塑艺术》，《文物》1982 年第 12 期。

15 刘品三：《朴实的吉州窑彩绘瓷纹样》，《江西历史文物》1983 年第 2 期。

16 杨后礼：《江西永新发现元代窖藏瓷器》，《文物》1983 年第 4 期。

17 杨后礼：《永丰县元代延祐五年墓出土的文物》，《江西历史文物》1983 年第 4 期。

18 尹福生、易明晃：《宜春市清理一座宋墓》，《江西历史文物》1983 年第 4 期。

19 谢志杰、黄颐寿：《宜春市出土的吉州窑瓷器》，《江西历史文物》1983 年第 4 期。

20 陈定荣：《吉州窑瓷枕及早期窑口考》，《考古》1983 年第 9 期。

21 张翊华：《从吉州窑匣钵上的文字探讨吉州窑的生产方式》，《江西历史文物》1984 年第 1 期。

22 李家和、章林：《介绍一件吉州窑彩绘瓷枕》，《文物》1985 年第 8 期。

23 李辉柄：《略谈吉州窑》，《文物》1985 年第 8 期。

24 陈定荣：《吉州窑彩绘艺术及其影响》，《文物》1985 年第 8 期。

25 赵国祥、毛晓云：《峡江清理两座古墓》，《江西历史文物》1986 年第 2 期。

26 黄冬梅：《江西清江出土的几件吉州窑瓷器》，《文物》1987 年第 5 期。

27 龙云波：《专家云集南昌鉴定仿古瓷》，《中国文物报》1988 年 2 月 12 日。

28 马起来：《合肥出土宋剪纸贴花黑釉盏》，《中国文物报》1988 年 7 月 1 日。

29 胡小勇：《新余出土宋代吉州窑瓷枕》，《中国文物报》1989 年 8 月 25 日。

30 黄炳煜：《江苏泰州出土两件吉州窑茶盏》，《江西文物》1991 年第 1 期。

31 王允吉：《江西省吉安县发现吉州窑瓷器》，《考古》1991 年第 10 期。

32 谢志杰、王虹光：《江西宜春市元代窖藏清理简报》，《南方文物》1992 年第 2 期。

33 黄炳煜：《泰州出土宋吉州窑黑釉盏》，《文物》1993 年第 12 期。

34 胡小勇：《新余出土吉州窑绿釉瓷枕》，《文物》1993 年第 11 期。

35 谢志杰：《江西宜春出土的吉州窑瓷器》，《南方文物》1993 年第 3 期。

36 应浩：《两件珍罕的吉州窑瓷枕》，《中国文物报》1994 年 10 月 30 日。

37 江西省文物考古研究所：《江西吉安市临江窑遗址》，《考古学报》1995 年第 2 期。

38 李军：《一件元代吉州窑严家记瓷枕》，《中国文物报》1995 年 6 月 11 日。

39 杨道以：《元吉州窑彩绘鼓钉纹罐》，《中国文物报》1996 年 3 月 24 日。

40 刘品三：《吉州窑瓷器的剪纸纹样》，《南方文物》1997 年第 1 期。

41 杨道以：《江西高安发现吉州窑舒家记瓷枕》，《文物》1997 年第 2 期。

42 孙津玉：《宋吉州窑剪纸贴花凤纹碗》，《文物》1997 年第 4 期。

43 冯素阁：《宋吉州窑黑釉剔花天庆观胆瓶》，《收藏家》1997 年第 4 期。

44 陈华珍：《宋吉州窑彩绘锦地开光罐》，《南方文物》1998 年第 1 期。

45 解立新：《云龙吐瑞黑釉盏》，《中国文物报》1998 月 4 月 1 日。

46 李刚：《吉安发现南宋吉州窑托盏》，《中国文物报》1998 年 5 月 20 日。

47 李刚、高立人：《吉安出土吉州临江窑早期青花碗》，《中国文物报》1998 年 7 月 5 日。

48 邹晓明、高立人：《江西吉州临江窑址开放迎宾》，《中国文物报》1998 年 12 月 23 日。

49 黄美翠：《宋吉州窑木叶贴花黑釉盏》，《中国文物报》1998 年 12 月 27 日。

50 李建兰：《吉州临江古窑址对外开放》，《中国文物报》1999 年 1 月 17 日。

51 高立人、李刚：《吉州窑刻名标记盏》，《中国文物报》1999 年 6 月 2 日。

52 高立人：《民窑瑰宝吉州窑》，《中国文物报》1999 年 7 月 4 日。

53 龙辉炎：《吉州窑彩绘瓷的绘画艺术》，《景德镇陶瓷》2000 年第 2 期。

54 明瀚：《吉州天目瓷·木叶剪花贴》，《中国文物报》2001 年 2 月 25 日。

55 华健：《吉州窑元代釉里红》，《中国文物报》2001 年 2 月 4 日。

56 明瀚：《吉州窑黑釉盏，茶香四溢》，《中国文物报》2001 年 7 月 18 日。

57 于志军：《木叶萧萧天目瓷》，《中国文物报》2001 年 8 月 1 日。

58 郭景森：《浅谈吉祥图案在吉州窑陶瓷中的装饰艺

术》,《井冈山师范学院学报》2001 年第 2 期。

59 杨晓东:《吉州窑典型产品工艺的特征及其年代》,《南方文物》2001 年第 3 期。

60 余江安:《吉州窑典型产品工艺探析》,《南方文物》2001 年第 3 期。

61 吴水存:《江西吉州窑彩绘瓷器的研究》,《故宫博物院院刊》2001 年第 5 期。

62 武穴市博物:《湖北武穴市从政村发现一座北宋墓》,《考古》2001 年第 12 期。

63 黄年凤:《吉州窑仿定瓷与南北文化交流》,《南方文物》2002 年第 1 期。

64 徐巍:《试论宋代吉州窑陶瓷》,《文物世界》2002 年第 3 期。

65 吴水存、吴芳:《江西宋代吉州五窑的研究》,中国古陶瓷学会编《中国古陶瓷研究》第八辑,紫禁城出版社,2002 年。

66 许建林:《简析两件珍稀的南宋吉州窑瓷器》,中国古陶瓷学会编《中国古陶瓷研究》第八辑,紫禁城出版社,2002 年。

67 王书敏:《两宋时期吉州窑市场营销策略试析》,中国古陶瓷学会编《中国古陶瓷研究》第八辑,紫禁城出版社,2002 年。

68 朱福生:《新干县博物馆藏吉州窑彩绘瓷》,《南方文物》2004 年第 4 期。

69 陈立立:《吉州窑与民俗》,《江西科技师范学院学报》2004 年第 6 期。

70 彭明瀚:《吉州窑瓷器工艺》,《文物天地》2004 年第 8 期。

71 康煜:《吉州窑黑釉茶盏的发展及装饰特征考析》,《南京艺术学院学报》(美术与设计版)2005年第2期。

72 吴宣:《异彩纷呈的吉州窑瓷器》,《南方文物》2005 年第 2 期。

73 朱广宇:《宋代茶文化与吉州窑、建窑器的发展》,《设计艺术》2005 年第 4 期。

74 李建兰:《质朴生动的吉州窑剪纸艺术》,《南方文物》2005 年第 4 期。

75 彭明瀚:《含蕴秀丽,质朴天成——吉州窑彩绘瓷画艺术》,《收藏界》2005 年第 11 期。

76 彭明瀚:《吉州窑黑釉盏与宋代斗茶风尚》,《收藏》2005 年第 12 期。

77 王爱国:《宋吉州窑黑釉剪纸漏花茶盏赏鉴》,《文物世界》2006 年第 1 期。

78 李磊颖、刘春福:《浅谈吉州窑的陶瓷装饰艺术》,《美术大观》2006 年第 4 期。

后 记
Postscript

　　江西是全国著名的陶瓷产区，景德镇是闻名世界的瓷都。古代江西的丰城洪州窑、吉安吉州窑、南丰白舍窑、景德镇湖田窑和珠山明清御窑等都是全国著名的窑场，遗留下来如繁星般的陶瓷文物是江西历史文物的一大特色，也是江西省博物馆馆藏文物的一大优势。江西的陶瓷史，如从万年仙人洞遗址出土的世界上最早的陶器算起，有1万年的历史。景德镇建镇1000年，尤其是元代开始在此设立浮梁瓷局后，成为古代中国的制瓷中心，将陶瓷艺术推向了一个不可逾越的高峰，因而，可以用"万年窑火，世界瓷都"来概括。从新石器时代早期一直沿续到现代，上下贯通，时代延续，时间跨度达1万年之久，各期瓷器均有纪年墓出土的具有断代意义的标准器。两宋时期，江西是全国重要的经济中心，社会稳定，经济高度发达，瓷业兴旺，湖田窑、白舍窑、吉州窑和七里镇窑等都是闻名退迩的窑场，景德镇窑创新的光致茂美的青白瓷和吉州窑清新活泼的木叶纹、剪纸贴花、釉下彩绘瓷等都是极富时代特色的名贵品种。

　　我对吉州窑的兴趣，始于1990年，当时研究生毕业，分配到江西省文化厅工作，第一次出差，正好是陪同省内一批有名的专家去吉州窑址考察，被遗址内如岗似阜的窑包堆积所吸引，心想，今后条件成熟时一定要写一本有关吉州窑的专著，向社会各界系统地介绍吉州窑的瓷业成就和陶瓷文化。一年以后，引起国内外陶瓷考古界高度关注的吉州窑系天玉窑在向塘到吉安的铁路建设中被发现，揭露了较为完整的制瓷作坊遗迹，出土文物标本数千件，使我更加坚定了信心。

　　由于当时我的注意力在江西先秦考古，有樟树吴城遗址、新干大洋洲遗存、瑞昌铜岭商周矿冶遗址等众多震惊世界的重大考古发现吸引我去探索。2004年博士毕业，完成了《吴城文化研究》、《吴城文化》两本书的写作，对江西先秦考古的研究作了一个小结，才有精力实践15年前的设想。

　　关于吉州窑的专著，已经有好几部，现在再写吉州窑，要写出新意，才有价值。本书收录了国内主要博物馆收藏的吉州窑名瓷，器种比较齐全，还配了相当数量的吉州窑址出土标本，便于读者对比研究，同时，做到中英文对照，便于国外读者阅读。它不同于一般的学术著作，因为本书图文并茂，包括近400帧精美的文物图片，它也不同于一般的考古图录，因为本书包括作者15年来研究吉州窑的心得。

在此要特别说明的是，本书出版之前，已经在学术刊物发表了其中的一些内容，比如《吉州窑瓷器工艺》、《吉州窑黑釉盏，茶香四溢》等。在本书即将付梓之即，我要向刊载过这些习作的《文物天地》、《中国文物报》、《收藏》、《收藏界》等报刊表示衷心的谢意，感谢他们给我提供了一个可以得到回应的机会，使我在听取意见后可以避免更多的错误。

在本书写作的过程中，得到了本馆同事赖金明的大力帮助，她为我提供了馆藏吉州窑的大部分资料；广东省博物馆、吉安市博物馆、吉安县博物馆、九江市博物馆、宜春市博物馆、新余市博物馆、高安市博物馆、樟树市博物馆、上饶市信州区博物馆、丰城市博物馆、峡江县博物馆、新干县博物馆、星子县文物管理所等文博单位同行也提供了相关资料；本馆同事叶蓉完成了本书的英文翻译，香港中文大学文物馆游学华先生承担了英文校对；广东省博物馆刘谷子和本馆同事赵可明、李宇、赵元春承担了文物拍摄工作；文物出版社领导张自成、编辑部主任段书安先生对本书的出版给予了大力支持，在本书即将付印之际，对他们的帮助表示衷心的感谢！

古人说，四十不惑，在完成本书写作的时候，我正好40岁。但是，我还是觉得面前有那么多的困惑，因为中国历史太悠久了，江西古代陶瓷文化太璀璨了，有太多的课题等待我们去研究，有太多的未解之谜等着我们去破译。今后，我将集中精力，认真研究古代陶瓷文化，为宣传陶瓷历史、普及陶瓷知识做些力所能及的事。

彭明瀚

二〇〇六年秋月于豫章蜗居